売上ゼロから
10億に伸ばす具体策

スポーツチームの経営・収入獲得マニュアル

ファジアーノ岡山オーナー
東京大学特任教授
木村正明

同文舘出版

はじめに

　大学卒業以来勤めたゴールドマン・サックスに辞表を出し、37歳のとき、故郷で株式会社ファジアーノ岡山スポーツクラブを立ち上げました。

　それからクラブ経営者として12年、中央統括団体（公益社団法人日本プロサッカーリーグ＝Ｊリーグ）の経営者として４年、深くプロスポーツの現場に入り込んでいましたが、一度現場から少し離れた立場でスポーツを眺め、研究してみたいと思うようになりました。また、小中学校の同級生が社長を務める船井総合研究所で地域プロスポーツビジネス経営研究会の講師を務めるようになり、スポーツの各競技において、プロ化を目指す動きが活発化していることを知りました。

　かつてはプロ野球とＪリーグが主だったのが、Ｂリーグ（男子バスケットボール）の誕生にはじまり、卓球、ラグビー、バレーボール、独立リーグ（野球）、ハンドボール、さらに、WEリーグ（女子プロサッカーリーグ）を含め、女性のプロスポーツチーム発足の動きも進んできました。調べてみると、プロおよびプロを目指すチームはすでに国内で400を超えており、これからも増えていくことは間違いないと思われます。

　先ほどの経営研究会には、夢を持ち、志に溢れた経営者の方々が参加しています。これまでたくさんのチームの参加がありましたが、共通するのは、立ち上げ期に相当苦労されていることです。
　ゼロから立ち上げ、うまくいかず消滅に至ったり、何とか頑張ってはいるが、売上が１億円、あるいは２億円に到達しない。すでに親企業（責任企業）が存在し、資金面の不安は少ないものの、来場者をどう増やせばいいかわからない。親企業（責任企業）からの独立を求められているが、到

底難しい。どうすればいいか。そうした相談を受けます。

　経営研究会を重ねていく中で、プロチームを作っていくことに、競技の違いはほとんど関係ないことを学びました。逆に言うと、質問はほとんど似通っており、プロサッカーにおけるクラブやリーグでの私の経験や知見は、ほぼすべての事例に当てはまると感じるようになりました。そういう方々に対する実用書に近いものを出せないかと考えたのが、本書を書き始めたきっかけになります。また、経験や知見は言葉でお伝えすることも大事かもしれませんが、主観が強くなる可能性があるため、できるだけヒアリングや調査を基にした、客観的なファクトを示すことを心掛けました。

　本書は、大きく１〜３章と４〜５章に分かれます。１〜３章は経営・収入獲得について、４章は企業価値の捉え方、５章は親企業がいくら資金を拠出しているか。それぞれの章は独立していますが、スポーツの魅力を知ってもらい、ファンを増やし、チームが成長し価値を高めていく過程で気になっていくトピックを、順に並べたつもりです。

　スポーツを取り巻く環境は大きく変わり、チーム経営に興味を持つ方が増えてきました。また、産業としてのスポーツは日本国内においてはまだ規模が小さく、欧米を見ても今後の成長産業であることは論を俟ちません。本書がその成長の一助になれば幸いです。

　チーム関係者、特にこれから球団・クラブを立ち上げる方や、黎明期からの拡大を考えている方はもちろんのこと、スポーツファン、自治体のスポーツ振興課、メディア関係の皆さまにもお読みいただけたら嬉しいです。

　では、はじめていきましょう。

スポーツチームの経営・収入獲得マニュアル
もくじ

はじめに

第1章
ファンづくりと球場集客の実践方法

1 チームの成績と観客数の関係 ………………………………………… 14
「勝てば入る」は本当か？

2 来場者数1,500人まで ………………………………………… 18
地上戦

プロになれば変わる？　W杯だから盛り上がる？　24

3 来場者数3,000人まで ………………………………………… 25
地上戦＋空中戦

4 地域に貢献しクラブへの関心を高める ………………………………………… 29
地域営業の存在

5 来場者数8,000人まで ………………………………………… 32
イベント・フードの充実

リーグ（中央統括団体）による調査でわかったこと　39

6 来場者数10,000人まで
さらなるお誘い企画とホスピタリティの磨き上げ
46

マーケターから見たサッカー業界　53

第2章
スポンサーの獲得について

1 スポンサー収入は営業利益率が高く上限がない
4大収入の中で最大金額
56

2 目標金額を定めたうえで獲得していく
スポンサー営業の出発点
60

3 営業スタッフの確保が大事
ファジアーノ岡山のスポンサー数と営業体制
66

4 町一番の大手企業だけにこだわる必要はない
スポンサー企業の売上高と拠出金額の関係
70

5 協賛を決めた21の理由を分析する
企業が協賛を決めた理由
74

6 「会ってもらう」のが最大の難関
いかにしてスポンサー企業に会ってもらうか
82

7 「半年以内」か「3年以上」に分かれる
協賛に至るまでどれくらいの期間がかかるのか
92

8 離脱した18の理由を分析する
企業がスポンサーを離脱する理由 ⋯⋯⋯ 97

9 離脱企業の拠出決定までの期間は短い
離脱企業の特徴 ⋯⋯⋯ 105

第3章
グッズ販売について

1 グッズからクラブが得られる利益は多くない
スポーツビジネスのグッズ販売における盲点 ⋯⋯⋯ 112

2 原価、棄却損、人件費、ネット販売手数料…等
認識しておくべき主なコスト ⋯⋯⋯ 116

3 製造・販売形態は在庫リスクの大小によって分かれる
グッズ製造・販売の一般的な形態 ⋯⋯⋯ 120

4 5つの販売形態の特徴
その他の販売形態 ⋯⋯⋯ 122

5 フーズを内製化している競技はほぼない
同じ物販であるフーズ販売との比較 ⋯⋯⋯ 126

6 Web販売の一般化によってグッズ売上が伸びている
物販売上と入場者数・入場料収入の関係 ⋯⋯⋯ 128

7 原価等コストの急上昇が利益を圧迫
販売チャネルの変化と営業利益率 ⋯⋯⋯ 132

8 幹部はグッズに関する基本的な数字を把握する 136
営業赤字への対策

9 グッズ販売は重要で伸びしろの大きい業務 140
グッズ販売についてのまとめ

第4章
クラブの企業価値

1 算定方法がなければ不合理な売買につながる 142
日本のスポーツチームの真の価値は？

2 上場の増加から減少までの流れ 146
クラブ価値評価の歴史──欧州

3 球団収入を低くするインセンティブが働く 152
球団価値評価の歴史──米国

4 一般的な価値評価手法の適用は難しい 154
クラブ・球団の企業価値　評価手法の変遷

5 欧州の大手会計事務所は価格決定モデルを持つ 158
欧州の価値評価モデルの導出

6 得られたモデルを適用する 164
Jリーグクラブの推定価値

第5章
親企業の年間拠出金額

1 親企業の拠出は企業価値を左右する
親企業の拠出金額を調べようと思った背景 ………… 170

2 「親企業＝筆頭株主」ではない
「親企業」の定義 ………… 172

3 親企業の拠出金は3つの項目に現れる
公表数字のどこを見るか ………… 174

4 スポンサーは拠出金額ごとに区分されて表示される
「スポンサー収入」の分析
基本的な考え方 ………… 178

5 2,000万円超の商材は限られる
「スポンサー収入」の分析
川崎フロンターレの例 ………… 182

6 3つのステップで親企業以外からの収入を推定する
「スポンサー収入」の分析　実際の計算方法 ………… 184

7 「その他収入」は移籍金に左右される
「その他収入」の分析 ………… 188

1 サガン鳥栖：ベストアメニティ社　192

2 北海道コンサドーレ札幌：石屋製菓　197

3 鹿島アントラーズ：メルカリ　198

4 浦和レッズ：三菱重工 199

5 柏レイソル：日立製作所 200

6 FC東京：ミクシィ 201

7 川崎フロンターレ：富士通 202

8 横浜F・マリノス：日産自動車 203

9 横浜FC：ONODERA GROUP 204

10 湘南ベルマーレ：RIZAP 205

11 清水エスパルス：鈴与 206

12 ジュビロ磐田：ヤマハ発動機 207

13 名古屋グランパス：トヨタ自動車 208

14 京都サンガF.C.：京セラ 209

15 セレッソ大阪：ヤンマー 210

16 ガンバ大阪：パナソニック 211

17 ヴィッセル神戸：楽天 212

18 サンフレッチェ広島：エディオン 213

19 アビスパ福岡：APAMAN 214

補足　区分内平均値の計算根拠 216

カバーデザイン　二ノ宮匡（ニクスインク）
本文デザイン・DTP　株式会社RUHIA

第 1 章

ファンづくりと
球場集客の実践方法

1 チームの成績と観客数の関係
「勝てば入る」は本当か？

「勝てば、観客は入る」と言われます。本当なのでしょうか。

　ファジアーノ岡山は、2014年の4月26日から8月16日まで、18試合負けなしの状態が続きました。18試合すべて勝ったのではなく、引き分けもあったものの、現在も残るクラブ記録です。ところが、18試合の間に観客数はそれほど増えず、むしろ下がっていきました。
　NPB（日本野球機構、いわゆるプロ野球）では、2024年の中日ドラゴンズの成績は最下位であっても観客動員数は233.9万人と史上最多。オリックスは成績は5位でしたが、パリーグ2位となる214.9万人を記録しました。

▶成績と集客に相関関係はない

　成績と集客の相関については、これまで学者のみならず多くの方々が調べています。日本国内でも、海外でも。
　ただ、明確な相関関係に出会ったことはなく、私自身もいろいろとトライしてみましたが、正確な定量調査をしようとすると、難易度はかなり高くなります。もう少し言うと、正の相関も負の相関も見受けられない、というのが実際だと思われます。

　現場の経験からすると、年に1回〜数回来る人の来場のきっかけが「勝っているから」というケースはあまり聞いたことがなく、勝ち出してから行くという人（勝っていないとずっと行かない）にもほとんど会ったことがありません。大雑把に、年間に1回から数回くらいの試合に来る人は、自

第1章　ファンづくりと球場集客の実践方法

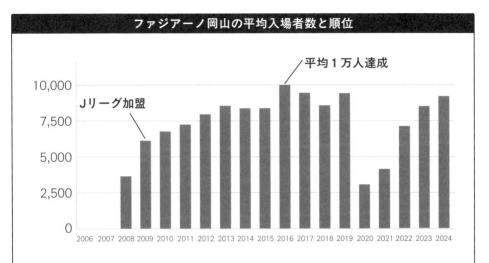

年	2006	2007	2008	2009	2010	2011	2012	2013	2014
平均入場者数	N/A	N/A	3,664	6,162	7,161	7,258	7,985	8,574	8,404
最多入場者数	6,831	9,262	11,053	13,228	11,290	10,490	12,618	18,269	12,359
順位（カテゴリ）	優勝（4部）	優勝（4部）	4位（JFL）	18位（J2）	17位（J2）	13位（J2）	8位（J2）	12位（J2）	8位（J2）

2015	2016	2017	2018	2019	2020	2021	2022	2023	2024
8,112	10,017	9,471	8,599	9,444	3,072	4,153	7,065	8,495	9,188
15,820	15,204	12,286	13,851	17,288	12,434	6,903	12,570	15,695	15,269
11位（J2）	6位（J2）	13位（J2）	15位（J2）	9位（J2）	17位（J2）	11位（J2）	3位（J2）	10位（J2）	5位（J2）

著者調べ

15

身の都合や、対戦相手を見て予定を決めると思われます。もちろん、観客の最大の満足は自チームの勝利や得点であることは間違いありませんが、**戦績よりも自身の予定（都合）のほうが、来場の因果関係としては強い**ような気がします。

　年間パスを保有している人でも、子どもの運動会や授業参観、田植え等が入ると来れません。

　勝負の世界に生きる者として、勝利を追い求める姿勢は絶対です。他方、経営者の視点で見ると、天気と勝敗はコントロールしづらく、勝利を信じながらも、勝敗に頼らない集客を目指したいと考えるのではないでしょうか。

　ここでは何が正しいかの議論より、**勝敗あるいは人気選手の有無に任せるのではなく、球団・クラブとしてどのような集客施策が効果的か**にフォーカスを当てたいと思います。私が知る限り、観客が増えている球団やクラブの裏には、綿密な計画と努力があります。その中身を見ることなく、安易に「勝てば入る」で片づけてしまっては、業界としての成長は厳しいと言わざるを得ません。

▶スポーツにお金を払う習慣のない岡山県で取り組んできたこと

　この章では、事例としてファジアーノ岡山を取り上げます。

　観客数が数十人、あるいは数百人に過ぎなかった地域リーグの時代から、徐々に増えていきました。当時、「秘密のケンミンSHOW」というテレビ番組で、スポーツ観戦に使う年間のお金は岡山県が最低で、平均11円という話題が取り上げられたそうです。Ｊリーグに昇格して私が最初にクラブ社長会議に出席したときに「11円」と呼ばれ、なんのことだかわかりませんでした。

　平均支出が2桁台の県は他にもあり、「お金を払ってスポーツを見る」

各ステージでの主な取り組み	
来場者数1,500人まで	**地上戦のみ** 自分の知り合いをお誘いする 核になるお客様が生まれる
来場者数3,000人まで	**地上戦＋空中戦** 知人からの集客に加え、 メディア＆講演会活用
来場者数6,000人まで	**地上戦＋空中戦＋昇格効果**
来場者数8,000人まで	**イベント・フードの充実** 「ファジフーズ」
来場者数10,000人まで	「Challenge1」を掲げ、 お誘い企画とホスピタリティの さらなる磨き上げ

機会と習慣がない、それこそプロ野球のオープン戦ぐらいしか機会がない街は少なくなかったと思います。

　ファジアーノ岡山に関しては、本書籍の執筆時点で全試合ホーム完売の状況（約1.5万人）です。しかし本書では黎明期にフォーカスしたいため、1万人を達成するまでの動きに絞ります。全国的な人気選手がいた年もあれば、そうでない年もありました。そのうえで、成長ステージごとにどのようなアクションを取っていたかを、次項からたどってみます。

2 来場者数1,500人まで
地上戦

　チームを立ち上げ、やっとの思いで選手を集めました。スポンサーも少しずつついてくれそうです。ここからはお客さんに来てほしい――となっても、最初はほとんどの方が反応してくれません。黎明期の球団・クラブが直面する現実です。
　では、どうするか。

　ファジアーノ岡山は、最初の目標として「来場者数1,500人」という数字を挙げました。
　1,500人という区切りに、深い意味はありません。ただ、ファジアーノ岡山が中国地域リーグ（現在の5部に相当）の頃から、クラブとしての力がほとんど何もない状態で来場者集めに奔走し、そして日本フットボールリーグ（JFL。現在の4部に相当）に昇格したあと、1,500人前後の来場者数が続きました。
　知名度もサッカーのカテゴリー的にも多くのメディアに取り上げてもらうには至らず、徒手空拳で動いていました。「名前が知られてなくても、本気で頑張ればここまではいけるのではないか」という数字が1,500人ではないかと感じています。

　なお、中国地域リーグの際に1万人近く動員したことがあり、また、JFL時に岡山の三菱自動車水島サッカー部と初対戦したときに初の岡山ダービーということで6,000名以上の来場があり、「1試合だけ」であれば集客に成功した経験がありました。それは、1試合だけであれば何とか達成できても、雨の試合でも、寒い試合でも、相手チームがどこであっても、

第1章　ファンづくりと球場集客の実践方法

会場がどこであっても、安定して来場していただくことの難しさを思い知った経験でもありました。

　後述するデプス（深掘り）インタビューで明らかになったことの１つは、初めての試合観戦のきっかけは「誘われたから」が圧倒的に多かったことでした。

　クラブ立ち上げの頃はこのような調査やデータはなかったものの、私も試合ごとにファンやスポンサーの方と接する中で、試合に来たきっかけを聞くと、「誘われたから」がほとんどでした。

　よって、人を誘うためのアクションを考えました。最初の頃は誰も関心がないので、中にいる人たち（チームの経営陣、社員、スタッフ、およびその家族。場合によっては選手も）が動かないことには始まりません。

　Ｊリーグが近年行っている公表調査では、「今後1年以内にＪリーグのスタジアム観戦をしたい（高関心層）」人の割合は全国で16〜18％です。カテゴリー的にＪリーグの下に位置するJFL、さらに下の中国地域リーグだと、それ以下になるでしょう。私の実感としては、中国地域リーグに関心がある人はほとんどいません。

▶とにかく誘う、無理やりにでも来てもらう

　よって、人を集めるために何ができるかと言うと、やはり、「とにかく誘う」「無理やりにでも来てもらう」しかないように思います。チームの黎明期には関心や興味を持ってくれる人はほとんどいないので、中にいる人たちが動かないことには始まりません。知人、友人を誘うのはもちろん、紹介してもらったり、スポンサーになってくださった企業に相談したり……。

　最初の頃は、仕方なくスポンサーになったのに、そのうえで集客まで頼むとはけしからん、と叱られたことが何度もありました。怒られても、叱

られても、お誘いを続けなければ来場者は増えようがありません。

　ファジアーノにおいても、少しずつできてきたサポーターグループの皆さんや、経営陣や社員の知り合いや家族の友人等、当時はLINEがなかったので、私を含めて社員が皆、携帯電話に登録している全員にひたすら電話していました。

　「お客さんに来てもらうには、どうすればいいでしょうか」という相談を、よくお受けします。広告宣伝費や動画発信の予算もほとんどないでしょうから、まずは「本気でお誘いを続けているか」をお尋ねするようにしています。

　知人、友人が来たときに、少しでもガッカリした気分で帰したくないので、お迎えをし、スタッフ全員でもてなし、また来てほしいと伝えます。ここまでしなくてはいけないのかというレベルまで動いて、はじめて相手に響くのだと思います。この熱や努力や誠意が核となり、１人が２人、２人が４人……になっていくと感じました。

　マーケティングなどあったものではなく、あまりに勧誘がしつこいので、友人関係がおかしくなったりもしました。この段階の集客が最も難しく、そうまでして頑張っても、チームが負けると心ない言葉をかけられ、ツラい気持ちになります。

　ただ、そうしたクラブの本気が、徐々に動いてくださる方が増えるきっかけになると痛感しました。新たに加わった来場者やサポーターやファンの方々が「我がこと」と思い、友人、地縁縁者に声をかけてくれるようになり、自分の知人、友人を連れて来てくれ、少しずつ、しかし確実に輪が広がり始めます。

　なお、ファジアーノ岡山は、「夢パス」という制度を国内で初めて導入

第1章　ファンづくりと球場集客の実践方法

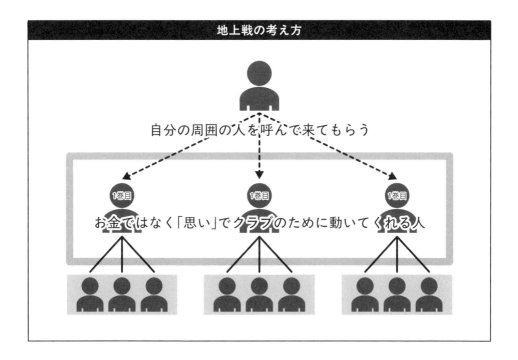

しています。小学生の入場料を企業に負担してもらうことにより、小学生は無料で入場できる仕組みです。

　私は子どもの頃から地元にプロチームがなく悔しい思いをしていたことを企業の方やクラブ役員に時々話していたので、クラブ役員が考え付き、今は多くのクラブが同じような名称をつけて導入しています。商標登録をしておけばよかったと時々笑っているのですが、このような制度も相当の努力をしなければ一般に知られるようにはなりません。

　徐々に、しかし確実に夢パスでの来場者はその後増え続けることになりました。別の見方をすると、無料でも来ない人は来ないということも知りました。

黎明期の球団クラブは、どこに声をかけるのか？

①友人・知人
②少年・少女の同競技チーム
③試合会場周辺の人々
④企業・協力会社
⑤行政
⑥サポーター・ボランティア

最初は①～③、追って④～⑥へ

①友人・知人
☐友人
☐携帯番号を知っている人、LINEアドレスを知っている人
☐クラブを通じて新たに知り合った人
☐飲み屋などで知り合った人

嫌味なくらい、自分の周囲の人間を試合観戦に誘い続ける

②少年・少女のチーム（少年団等）
☐可能な限り、活動時間と試合時間が被らないように

③試合会場周辺の方々
☐スタジアムの場合、いずれ騒音への苦情が発生することも考えられるため、必ず回ると意識すべき
☐最初は反応がない。試合ごとに訪問し、会ってもらえるようになってから時間をかけて勧誘する

④企業・協力会社
☐最初の頃はほとんどスポンサーがつかない。簡単には協力してもらえないが、相談する
☐しっかりした会場でなくても、スポンサーボードの効果がある場合がある（社員の子どもが想像以上に喜んだ等）

第1章　ファンづくりと球場集客の実践方法

□選手をフックにすることも考える
□朝礼や社内講演の機会をもらえたら、それを活かす

「御社のチームとだと思って育てていただけませんでしょうか」
「応援に来てください」

⑤**行政（役所・警察・消防・各種団体等）**
□絶対数が多い。土日休みが多い
□地域をよくしたいという志を持っている
□街の世話役である場合もある
□クラブと一緒に活動する機会もある

「地域のために」というクラブの理念とマッチする場合がある

⑥**ファン・サポーター・ボランティア**
□スポンサーと同様、最初は少ない。一人ひとりに誠実に向き合い、1人
　でも誘ってもらえるように動く

23

プロになれば変わる？　W杯だから盛り上がる？

　日本の場合、プロ野球（NPB）やゴルフの存在があったものの、プロチームの活動は歴史が浅く、逆にアマチュアチームの活動は長い歴史と伝統に支えられています。

　以前、ある公表調査の結果で、「少しでも興味がある」「実際に観てみたい」スポーツとして、NPBやJリーグを凌いでいたのが、高校野球や箱根駅伝でした。これらはアマチュアですが、全国地上波の視聴率ではNPBやJリーグに大きく差をつけています。

　また、「今年はW杯だからサッカーが盛り上がるね」と言われることもあります。しかし、Jリーグの年度別平均来場者数のページを見ればわかりますが、日本が初めてW杯に出場した年から現在に至るまで、W杯の年にJリーグ全体の平均観客が増えた年はほとんどありません。

　プロ化してもお客さんが入るわけではなく、話題性だけでお客さんが増えることは、なかなかありません。
　お客さんを増やし、安定させるには、知恵と不断の努力が必ず裏にあります。
　地域性とか後背人口の差とか、「勝てば入る」の言葉で片づけず、来場してもらうためのアクションが常に求められます。

来場者数3,000人まで
地上戦＋空中戦

▶来場者3,000人の壁

　JFL入会後は、開幕戦以外は1,500人が来場するようになりました。

　全国リーグに入会できて、かつチームは開幕戦から6連勝を果たしており、これ以上観客を増やす手立ては考えられませんでした。しかし、その上のカテゴリーであるJリーグ入会へのノルマ「JFLで平均3,000人以上」に、「なり」でいくことはないと気づきました。「なり」とは「馬なり」の略語で、レースで鞭や手綱を使わず馬の走る気に任せることを言い、我々のように興行を司る人たちがよく使う言葉です。「オーガニック」とも言います。

　今のままの紹介作戦では限界があると感じ、また当時はデジタルマーケティングの手法もなかったので、どうすればいいんだと話しているうちに、明確に実行できていないことがいくつか判明しました。具体的には、**地元メディアとの協働**と、**講演や卓話の活用**でした。

　メディアの状況は、首都圏とそれ以外で異なります。ここでご紹介するのは地方の事例であるため、トラディショナルメディアが中心の説明になるものの、時代に応じて変化する必要や、後述するように時代や地域に応じたやり方は必ずあります。

　ファジアーノ岡山では、少ないスタッフ数ながらも、メディアとの協働を「空中戦」、直接お誘いすることを「地上戦」と分け、それぞれチームを作り動いていました。

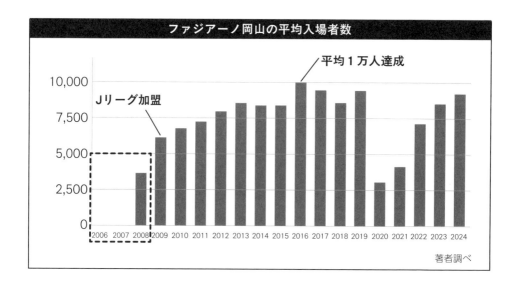

▶①テレビ

　テレビ関係者と個人的に親しくなり、現場も上層部も含めて試合に招待し、意見を聞く活動をしました。「我がこと」にしてもらうことが目的です。露出量を増やすためにどういう努力が必要で、どうすればいいかを「プロの目」からとことん教えていただき、その過程で個人的に興味を持った方が、特集番組やミニコーナーで取り上げてくださいました。

▶②新聞

　子育てが終わった可処分所得が高い世代は、新聞を読む世代でもあります。さらに紙で読む世代に重なっています。地元新聞記者の皆さんに、テレビと同様、取り上げてもらうために必要なことを教えていただきました。我々が教わったのは、運動面はもちろんのこと、社会面、あるいは社説やコラム、もっと言うと、いかに１面に載るかが大事であるということです。このため、運動部に指導を仰ぎながら、サッカーだけの活動にとどまらないよう、必要な動きをとるようにしました。メディアの皆さんのことは、親企業だと思って接していました。

テレビや新聞がなぜ重要かというと、メディアでクラブの情報に触れると、「こないだテレビで観たなあ」と無意識に頭に刷り込まれるからです。それが、人から誘われたときに「自分はいいわ」となるか、「じゃあ、行ってみようか」となるかを分けることになります。頭に「モヤモヤがある」状態が大事です。

今なら、オウンドメディアを光らせることも効果的です。

日本の男子社会人サッカーはＪ１を頂点とすると、JFLが４部に相当し、関東社会人１部リーグが５部、関東２部リーグが６部、東京都社会人１部リーグが７部に相当します。東京都４部からスタートすると、最短でもＪ１にたどり着くまでに９年かかります。

東京都社会人２部リーグに、「シュワーボ」というチームがあります。昇格を決めた2024年夏の東京都社会人３部リーグの試合には、数百人のファンが試合に来ていました。シュワーボは動画やショートクリップを駆使しており、私もそこから興味を持ちました。カテゴリーは下位でも、「おらがチーム」と思い始めている人は増えていて、時代に応じたメディア戦略を行っていれば結果につながることを示しています。

▶③講演・卓話

ファジアーノが2008年にJFLに昇格してから、それまで数回しかお声がかからなかった卓話や講演にお招きいただく機会が増えました。ロータリークラブやライオンズクラブ※、自治体、公民館、企業、業界団体、消防や警察、学校等々です。

せっかくの機会なので、少しでも役立つ話をしたいと気合いを入れて臨んでいました。それから徐々に、講演で挨拶したり、懇親会で親しくなったりした方が試合会場に来場してくださるようになりました。2008年だけで80回くらい、その後も毎年40～60回程度の卓話や講演の機会があっ

集客チームが実施するミーティング

① 年間ホームゲームミーティング
② 試合の3日前にイベント等についてのミーティング
（90分）
③ 3ヶ月先の集客に関するミーティング（60分）
④ 振り返りミーティング（毎試合）

スポンサー営業と集客のチームは同じ

たので、この場を来場のきっかけ作りとして最大限活かそうと、意識するようになりました。

　選手に同行してもらって少しでも興味を持っていただく、プロチームの監督や強化部のマネジメントという他では聞けないことを話す、講演料をチケット代に回し、その団体の構成員および家族を招待する、クイズを出して正解者を招待する、試合会場の楽しさが伝わるイメージ映像を作って流す……等々を進めました。

　少し話は逸れますが、「サッカーを観に来てください」と言っても、残念ながら直接の友人でなければ、まず誘いには乗ってもらえません。「飲みに来てください」のほうが効果があり、もっと言うと「ハイボールが100円で飲めます」のほうがお誘いするときに効果があります。かつてNPBの人気球団が「集客のライバルは居酒屋」と語ったのも、頷ける話です。

※ロータリークラブ/ ライオンズクラブ
会員制の団体。友好と奉仕を志し、「奉仕の理想」を信条とする。会員が職業を異にする善良な法人で形成され、それぞれの地域において結成され奉仕活動を展開する、世界的な団体

地域に貢献しクラブへの関心を高める

地域営業の存在

　人の直接のお誘いは継続して続けていました。他方で、本当の意味で地域に根差すためには、お願いばかりでなく、**自分たちにどういった貢献ができるか**を、地域の方々と相談していく必要があります。

　ファジアーノ岡山に限ったことではなく、おそらく多くの球団・クラブに、ひたすら地域を回ってコミュニケーションをとる部隊が存在しているはずです。名称としては「地域営業室」だったり、「ホームタウン推進室」だったりします。ファジアーノ岡山も、当時は「ホームタウン推進室」として立ち上げ、最終的には3名のメンバーが精力的に動いていました。

　岡山市内には90以上の連合町内会があります。まずはスタジアムがある地域周辺から始め、その町内会を隈なく回って挨拶をする。お祭りには顔を出す。倉敷市にも出かけ、介護予防活動を地域と一緒に行う。連合婦人会の集まりにも足しげく通う。役所には迷惑のかからない範囲で常に出入りし、スポーツ担当の課だけでなく、観光課や教育委員会や土木課や企画課まで顔を出し、「もっと勝ってよ」とイジられながら次の試合のビラを配る。商店街も1軒ずつ回りタペストリーを出す協力等を仰ぐ。学校や幼稚園にも顔を出し、無料出前スクールの段取りを相談する。

▶地域営業はチームの顔

　接する人の数は相当数にのぼるので、試合日ともなると、ホームタウン担当者の周りにはたくさんの人が集まってきます（これはスクールコーチも同様の状況で、彼ら、彼女らも球団・クラブの魅力伝道師です）。

黎明期においては、とにかく球団・クラブ名が知られていませんし、選手も毎年変わるので、地域営業の担当者がチームの顔となります。

観客としてでなくても、ボランティアとして試合を手伝ってくれる方を招いたり、何よりありがたいのがクラブおよびその勝敗に興味を持ったり、地域で話題にしてくださる方を増やしてくれることです。

私自身は、前述のように講演や卓話の機会をいただいたことで、来場はなくともクラブの勝敗結果だけは年々多くの方が知るようになったことを実感しました。ホームタウン推進室は「少しでも興味がある」「試合に行ってみようかなと思う」人を毎年確実に増やしてくれる存在でした。

気づくと、毎年年始の連合町内会年始総会に、外部として唯一参加させていただけるようになっていました。その裏には、まったく勝てないときに厳しく叱責を受けたりしながら、ホームタウン推進部が粘り強く関係を作ってきた事実があります。

クラブとしての活動拠点が必要になり、専用練習場を作るための署名活動を開始したときには、連合町内会から最初の3週間で想像を超える署名が集まり、3ヶ月で署名数は28万5,500名にものぼりました。やはり人は人に興味を持つのだということを痛感した出来事でした。

繰り返しますが、試合に誘われたときに、まったく知らないではなく、「ああ、知ってる」のほうが、「じゃあ行ってみようかな」になると思います。「ああ、知ってる」を増やす役割は、中長期的に非常に重要と考えます。

活動拠点＝専用練習場を作る

地域とのタイアップ ➡ 3ヶ月で28万人の署名

ファジアーノ岡山に念願の
専用練習場
28万人超の署名で実現

来場者数8,000人まで

5 イベント・フードの充実

　Jリーグに昇格してから、平均来場者数が6,000人に達するようになりました。1,500人から3,000人になる過程での努力が効いた部分もあるものの、当然ながらJリーグ昇格による効果が大きかったと思われます。

　ただ、このまま「なり」でいっても、7,000人前後が限界ではないかとの声が社員から上がるようになりました。

　同時に、8,000人にこだわりたいとする声が多く上がりました。

　理由は、8,000人に達すると、「雰囲気」がガラッと変わるからです。

　主観的な話ですが、2,000人と4,000人、4,000人と6,000人、6,000人と8,000人の違いを体感すると、8,000人を超えたときの会場の熱気は次元が変わるように思います。この点は社員も同じように言っていました。

　スポーツビジネスの最大の売りは場の熱や熱狂で、その熱狂を生み出すのは選手と観客です。また、コアのサポーターの盛り上がりも大切です。熱の生まれ方が変化する「8,000人」へのこだわりが、クラブの中で芽生え始めました。

　観客の絶対人数はもちろん大事ですが、熱だけで考えると、入場比率が重要だと個人的には感じます。8,000人は岡山のキャパシティ（15,000名）の半分強です。小さいスタジアムだと、3,000人の観客で盛り上がっていたところをいくつか見てきました。やや乱暴に言えば、「キャパシティの半分強」は1つの集客目標になるのかもしれません。

　試合を観に来る人は、自分の余暇の時間をいかに楽しく過ごすかを大事

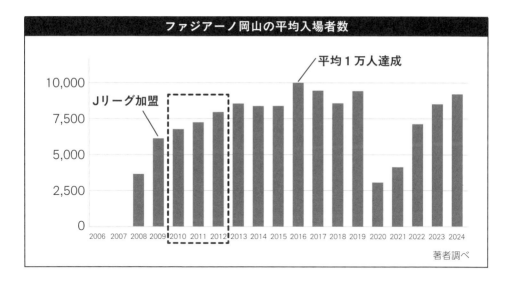

に捉えていて、スタジアムやアリーナに行くことが自分の貴重な時間の使い方として適切かどうかを潜在的に考えています。

　要は楽しくないとダメで、そのためには試合そのものは必要条件ではあるものの、十分条件ではありません。

　「自分は試合を観るためだけに行く」という人もいますが、よく聞いてみると、試合前の高揚感に惹かれていたり、スタジアムでお酒を飲むことが好きだったり、通路を抜けて緑のピッチが見えたときに大きな喜びを感じたり、そこで会う知り合いとの会話を楽しみにしていたり、家族にとっての重要なイベントになっていたり、様々です。お客さんが何を重視しているのかを、興行側は捉えておく必要があります。

　サッカーには天皇杯というカップ戦があります。重要なタイトルであり、下位カテゴリーが上位カテゴリーと対戦できる貴重な機会であるものの、お客さんは思ったように増えません。悔しくてなぜだろうと思っていたら、演出がいつもと違う、フードコーナーがいつもと異なるといった答えがずらりと並び、考えさせられました。

右のグラフは、少しでもJリーグに興味がある人を対象に、Jリーグの
イメージを尋ねた調査です。グラフの下2つの項目に注目してください。
一度でも観戦経験がある人とない人では、「楽しい」「面白い」という感覚
に大きく差があることがわかりました。裏を返すと、「意外に楽しかった」
という経験が、新規層に刺さったことを示しています。

　映像で観ればいいものを、わざわざ来ていただくには、「楽しさ」が1
つのキーワードになると言えるでしょう。

　興行に携わる人間として、肌感覚としてわかっていたことですが、調査
によってあらためて浮き彫りになりました。

▶イベントの充実

　何もせずとも、あるいはファンやサポーターの方々にお任せして「なり」
で人気が出るのが理想です。ただ、そうならない場合、興行側に努力が求
められます。興行側は強いチームを作ることと同様、そこで生計を立てて
いく必要があり、興行稼業の宿命かもしれません。

　右ページの写真は、実際にファジアーノの試合で行われているイベント
の様子です。スタジアムがある岡山県総合運動公園のかなりのスペースを
使い、イベントを行っています。入場者数8,000人を目指す過程でイベン
トの質と量を見直し、さらなる充実を図りました。

▶フーズの充実

　興行において、飲食は非常に重要なファクターとなります。ファジアー
ノは、黎明期から役員を務めていた事業担当役員と新たに入社した事業部
長を中心に、当時のJリーグでは珍しい巨大なフードコーナー「ファジ
フーズ」を設けました。

　ほとんどのスタジアムやアリーナでは、施設内で調理に火を使うことは
許されていません。また、飲食店組合が許可を出しません。

第1章　ファンづくりと球場集客の実践方法

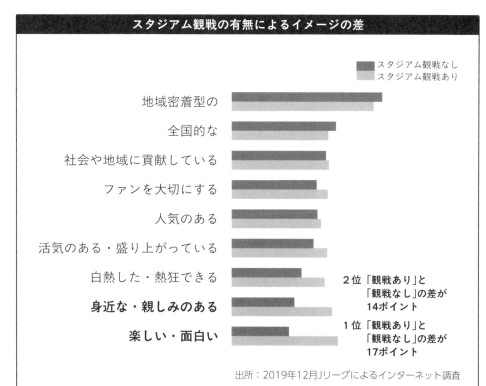

スタジアム観戦の有無によるイメージの差

- スタジアム観戦なし
- スタジアム観戦あり

- 地域密着型の
- 全国的な
- 社会や地域に貢献している
- ファンを大切にする
- 人気のある
- 活気のある・盛り上がっている
- 白熱した・熱狂できる
- **身近な・親しみのある**
- **楽しい・面白い**

2位 「観戦あり」と「観戦なし」の差が14ポイント

1位 「観戦あり」と「観戦なし」の差が17ポイント

出所：2019年12月Jリーグによるインターネット調査

夏夜祭恒例「ファジ縁日」

・スーパーボール
・射的
・千本つり大会
など子どもたちが楽しめる昔ながらの縁日を開催

35

ファジアーノ岡山は、施設や組合側と何年も交渉し、理解を得て、スタジアムの外に12店舗のフードコーナーを出すことができるようになりました。温かい料理をそのままお出しすることを主コンセプトに、メニューが被らない、名物メニューの存在、各店舗の屋号は表示しない、売上に応じて店舗の交代がある、赤を基調にビジュアルを統一する等のこだわりがあり、クラブ名物となりました。ファジフーズの充実は入場者数8,000人達成の大きな原動力となり、Ｊリーグだけでなく多くのプロスポーツチームが視察に訪れています。フードコーナーでは、POSレジ、電子マネーの導入も大切になってきます。

ファジアーノ岡山のフードコーナー

第1章　ファンづくりと球場集客の実践方法

Ｊリーグの観戦者満足度 総合ランキング

年 順位	2008	2009	2010	2011	2012	2013	2014	2015	2016
1	川崎F	鹿島	甲府	岡山	岡山	岡山	岡山	大宮	岡山
2	千葉	FC東京	大宮	千葉	神戸	横浜FM	神戸	東京V	川崎F
3	清水	清水	岡山	鹿島	東京V	松本	松本	岡山	鳥栖
4	神戸	甲府	鹿島	F東京	仙台	神戸	湘南	福岡	山口
5	鳥栖	C大阪	C大阪	神戸	松本	大宮	新潟	横浜FM	鹿島
6	大分	鳥栖	熊本	川崎F	大分	仙台	鳥栖	神戸	大宮
7	仙台	大宮	鳥栖	C大阪	鳥栖	千葉	水戸	甲府	湘南
8	鹿島	神戸	清水	横浜FM	千葉	鳥栖	熊本	水戸	讃岐
9	FC東京	横浜FM	新潟	水戸	横浜FM	東京V	川崎F	湘南	札幌
10	東京V	岡山	川崎F	岐阜	F東京	新潟	F東京	川崎F	水戸
11	甲府	川崎F	福岡	鳥栖	水戸	湘南	横浜FM	FC東京	甲府
12	新潟	浦和	札幌	熊本	清水	大分	東京V	札幌	横浜FM
13	横浜FM	東京V	神戸	大分	熊本	鹿島	甲府	千葉	東京V
14	大宮	岐阜	FC東京	福岡	大宮	川崎F	仙台	長崎	松本
15	C大阪	新潟	東京V	鳥取	横浜FC	甲府	福岡	熊本	千葉
16	名古屋	千葉	水戸	大宮	浦和	FC東京	長崎	松本	神戸
17	広島	札幌	横浜FM	G大阪	広島	熊本	大分	讃岐	新潟
18	福岡	湘南	大分	湘南	新潟	浦和	千葉	愛媛	浦和
19	浦和	徳島	千葉	仙台	湘南	柏	清水	G大阪	G大阪
20	熊本	名古屋	G大阪	清水	川崎F	水戸	鹿島	浦和	町田
21	柏	熊本	湘南	甲府	C大阪	愛媛	磐田	新潟	F東京

出所：Ｊリーグによる観戦者調査

総合順位	クラブ名	ロイヤルティ	情報	アクセス	雰囲気	演出	サービス
1	岡山	2	2	1	1	11	2
2	川崎F	1	1	8	9	1	4
3	鳥栖	9	19	2	5	9	5
4	山口	4	11	21	4	7	7
5	鹿島	5	3	24	7	15	3
6	大宮	11	12	5	8	14	16
6	湘南	7	5	15	24	2	13
6	讃岐	8	8	19	18	5	8
9	札幌	6	14	16	6	4	21
10	水戸	20	16	10	15	6	6
11	甲府	12	4	6	22	12	20
12	横浜FM	26	9	11	13	3	19
13	東京V	27	10	3	10	13	22
14	松本	3	13	18	11	36	11
15	千葉	35	31	4	3	10	17
16	神戸	19	20	12	17	8	26
17	新潟	23	18	14	14	22	12
18	浦和	15	7	27	21	16	24
19	G大阪	10	21	37	2	20	32
20	町田	22	29	23	20	30	1
21	F東京	28	28	9	12	24	25
22	徳島	13	15	25	25	18	31
23	群馬	18	24	33	26	19	10
24	京都	25	6	17	33	17	35
25	長崎	24	34	29	16	23	9
26	岐阜	31	17	20	29	27	14
27	福岡	17	23	26	30	29	18
28	柏	14	22	22	23	39	29
29	C大阪	30	26	13	28	25	30

リーグ観戦者調査　2016年オンライン調査・総合ランキング

2017年も岡山が総合1位。本調査は2018年で終了

出所：Jリーグオンライン観戦者調査

■ リーグ（中央統括団体）による調査でわかったこと

▶調査の重要性

　私は2014年からJリーグの理事に就き、2018年からは専務理事としてお世話になりました。当時、クラブとリーグ（中央統括団体）で協力し合い、「Ｊ１平均来場者数２万人を達成しよう」と皆で意気込んでいました。

　公式戦の主催者はクラブになります。よって、集客の中心はクラブです。では、リーグとしてできることは何なのか。「クラブがすること」「リーグがすること」「クラブとリーグで一緒にすること」の３つに分けて整理していました。

　リーグができることは、中央のメディアとのリレーションシップ構築、顧客基盤の整備等が考えられます。

　議論を進めていくうちに、「集客のための打ち手を講じる際、むやみに動いても無駄になる可能性があるし、検証ができない。まずは現実がどうなっているかを知る必要があるのではないか」という話になりました。具体的には、「誰が来ているのか」「どうして余暇の大事な時間をスポーツ観戦に使っているのか」「何歳くらいの人が来ているのか」「友人を誘うときにハードルになっていることはどんなことか」——知りたいけれど、わかっていないことがたくさんありました。よって調査に力を注ぐことにし、また、調査は１クラブで行うよりリーグがまとめて行ったほうが効率的であるため、リーグ主導で調査を進めることになりました。

▶QRコードの導入でわかったこと

　まずは、誰が来ているかを知るために、QRコードを使った来場（Jリーグチケット）を促進しました。これにより、具体的にどういう属性の方が来ているかがわかるようになります。さらに言うと、誰が来なくなっ

た、あるいは、初来場者が2回目に来たのはいつか、といったこともわかるようになります。

　以前来ていた人がなぜ来なくなったのか、最初に来場した人の理由やきっかけはどういうものだったのか、という疑問は誰しも持っていたものの、それについて詳しく知る機会はありませんでした。そこで、来なくなった方々へのデプス（深掘り）インタビューを実施しました。有効と思われる調査を徹底して進め、クラブと共有しました。

　この一連の調査結果は、長年「1人でも多くの人に来てほしい」「1度来た人にまた来てもらいたい」と願い、活動を続けてきた私自身にとって目から鱗の連続で、とても勉強になりました。

　例えば、「初来場した人が1年以内に再来場する可能性」は何％だと思うでしょうか。

　答えは20％でした。さらに3回目になると、8％に減ります。この数値はJ1からJ3までほぼ共通しています。

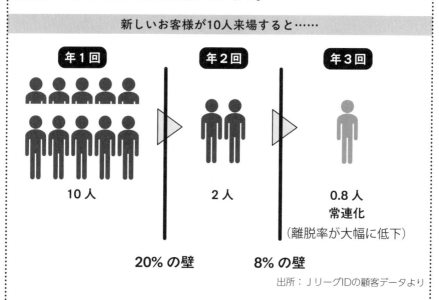

出所：JリーグIDの顧客データより

第1章　ファンづくりと球場集客の実践方法

　これはQRコードを使って来場を促進した結果、知り得たことです。まだ観客がまばらにしかいなかった頃、快勝したあとに「初めて来たけど楽しかった。また来るよ！」と言ってくれた人に、その後スタジアムでお目にかかることは少なく、なぜだろうとぼんやり考えていました。それが数字で示され、やはりそうだったのか、と納得することができました。

▶観戦体験の可視化調査でわかったこと
　ＱＲコードを取得する際にメールアドレスを記入してもらいます。それにより来場へのアンケートが可能になり、観戦体験の可視化調査で世界屈指のクアルトリクス社の調査を実施しました。
　ドライバーズスコアと言って、試合に満足したか、この試合は友人に推奨するのに重要か等を、０点から10点までの点数でつけてもらうものです。9、10点をつけた比率から、０〜６点をつけた比率を引きます。単純に考えると、０〜10まで11段階あるので、各点数の蓋然可能性は９％程度になり、それぞれに均等に点数がついていたら、18％－63％＝－45となります。もし９、10点の比率が15％ずつと高く、０〜６点の比率が５％ずつと低かったとしても、30－5×7＝－5となります。

注：ネット・プロモーター、ネット・プロモーター・システム、ネット・プロモーター・スコア、NPS、そしてNPS関連で使用されている顔文字は、ベイン・アンド・カンパニー、フレッド・ライクヘルド、NICE Systems, Inc.の登録商標又はサービスマークです。
参照：https://www.bain.com/ja/consulting–services/customer–strategy–marketing/about–nps/

　ドライバーズスコア（次ページ参照）は、自分にとって大事な項目と、友人に勧めるときに大事な項目には違いがあることを示しています。
　例えば、スタジアムグルメの待ち時間は、自分（既存客）にとっては不満の要素が最も高いのに、知り合い（新規客）に推奨するときにはあまり関係がないという結果が出ています。逆に周囲の観戦者のマナー

41

は、自分（既存客）にとっては少し不快な程度ですが、知り合い（新規）に推奨するときには非常に気になるとの結果が出ています。後ろの人に椅子を不定期に蹴られたり、品のない野次を飛ばす人が近くにいることなどが、例として挙げられます。また、「煽りＶ」と呼ばれる選手入場時の映像は自分には非常に大事でも、知り合いが喜ぶ度合いはそれほど高くないだろうと思う人が多く、片や応援の活気や迫力は知り合いの満足度には非常に重要な要素と考えられていることが示されています。

　クラブごとに多少異なるものの、おおむね似たような結果が出ていました。「友人知人を誘ってください」と言うからには、「誘ってくれる人が不安に思うこと」はできるだけ解決しておきたいですし、新たに足を運んでくれた方が定着するかは非常に重要です。
　このデータを基に、来場者数平均２万人に至る過程で、各クラブが工夫や努力を重ねていきました。なおこの調査は、顧客ビジネスを展開す

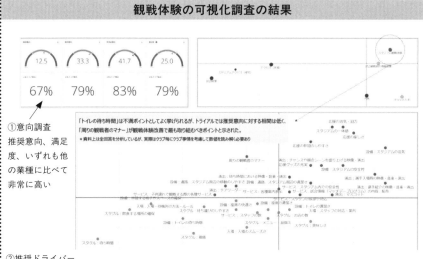

第1章　ファンづくりと球場集客の実践方法

る、世界や日本を代表する企業も用いており、我々も大いに参考になりました。

▶デプスインタビューで来場・離脱の理由を探る

デプスインタビューにおいては、「興味はあるけれど来たことのない人（未観戦者）」「昔来ていたけれど来なくなった人（離脱者）」「最近来るようになった人（観戦者）」の３つに分け、それぞれ４名ずつのグループを抽出し、90分〜120分のインタビューを行いました。グループの総数は30以上とし、広範な意見を拾えるように試みました。

初来場のきっかけは、「誘われたから」が８割を超えていました。これはＪ１〜Ｊ３のカテゴリーすべてにおいて当てはまります。また、２回目の来場理由も、８割近くが「誘われたから」でした。

「一度来て感激すれば、また来てくれる」というのは甘い考えです。皆さん忙しく、娯楽はスマホの動画を含め巷にあふれている。来る人を待つ姿勢ではお客様は増えていかないということに、あらためて気づきました。

離脱理由は、多岐にわたりました。すべてを紹介することはできませんが、かなり多かった理由が、「子どもが中学に入ったから」「子どもがサッカーをやめたから」でした。実は「誰に誘われて来たのか」への目立った答えが、「子どもがサッカーをしていて、チームのみんなとＪリーグの試合を観に行くことになった。子どもが行くので仕方なく行ったら結構ハマった」でした。この反作用として、子どもが中学に上がった、あるいはサッカーをやめたので一緒に行かなくなり、足が遠のくようになった、というのが離脱理由でたくさん出てきました。

当時私も、Ｊリーグの試合と少年団の試合は時間帯が被ることが多く、こちらから営業してもつれない対応が多いことから半ば諦めかけていましたが、諦めてはいけないのだと思い直しました。

43

２つめは、応援するようになった理由についての調査です。言い換えると、「気持ちが入るようになったきっかけ」です。

　きっかけの１位は「選手や監督の個性や人柄」です。よって、集客するうえでは、ピッチ外の情報提供がかなり重要になってきます。選手が露出することはサッカーへの集中を削ぐ、あるいはチーム内の情報が洩れるリスクもあり、チーム運営上プラスになることはないと監督が考えるのは、当然ながら理解できます。一方、「オールオアナッシング」に代表されるように、欧州ではロッカールームの様子や選手獲得の舞台裏まで世に出しています。

　海外の状況を参考に、日本でも監督の協力を得るため、Ｊ１の監督会議に毎年出て、選手を可能な範囲で、しかし今よりはるかに多く露出させることを依頼しました。少しずつ、しかし確実に、各クラブからの情報量は増えていると感じます。

応援するようになった理由

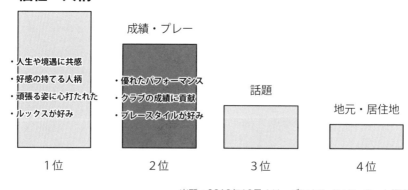

出所：2019年12月Ｊリーグによるインターネット調査

第1章　ファンづくりと球場集客の実践方法

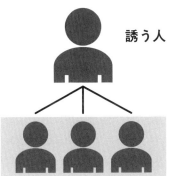

多くの人は誰かから誘われて来る

誘う人

誘われて試合観戦に来る人

スタジアムに来る人の多くは
誰かから誘われて来ている。

6 さらなるお誘い企画とホスピタリティの磨き上げ
来場者数10,000人まで

　イベントやフーズを充実させることで、来場者数は平均8,000人を超えるようになってきました。

　ただ、順調だった観客動員が2014年に初めて前年比マイナスになりました。18戦負けなしを含み、チーム成績は好調だったにもかかわらず、少しとはいえ前年比マイナス。しかも初のマイナスだったことから、まだ何かが足りないことをクラブとして突きつけられました。

　2014年まで監督を務めた影山雅永氏（現日本サッカー協会技術委員長）に代わり、2015年から長澤徹新監督（現大宮アルディージャ監督）が就任するとともに、Ｊ１昇格と平均観客数１万人達成を目指す「チャレンジ１」プロジェクトを発足させ、さらに高みを目指す活動が始まりました。

　しかし、生意気ながらフーズは業界トップを自認し、イベント数もすでにＪ１クラブを超えていると自負しており、ここから打てる手は何があるのか。クラブ内では喧々諤々の日々でした。

　話すうちに、一度来た人が定着していない、無料招待をしていなかったので最初のハードルが高いという指摘が出てきました。

　当時はQRコードを使っていなかったので、正確な数字はつかめなかったものの、私もその点が課題と感じていました。

　決定的な打ち手は見出しづらいけれど、初めて来る人を増やし、その一度来た人を逃さないようにしよう、必ずもう一度来てもらえるようにしようという視点で話し合いを進めました。

・誘い・誘われの数をさらに増やす

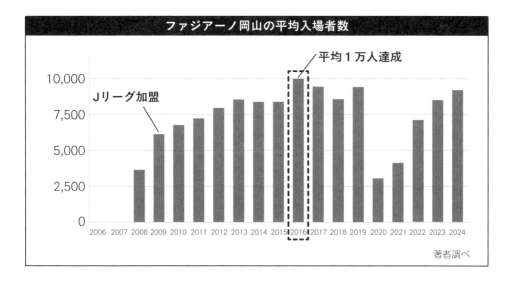

・ホスピタリティの徹底

　この2つに絞って磨き上げようという結論になりました。自分の友人を誘ったときに、相当な満足感を持って帰っていただけるか。
　内部で何度も話し、当時の事業担当役員を中心に、4つのプロジェクトを打ち出しました。

▶①Smile for you　〜スタッフ全員で笑顔あふれるスタジアム作り〜
　2014年に、当時の大河正明Jリーグ常務理事（現バレーボールSVリーグチェアマン）と米国プロスポーツ視察に行きました。最も印象に残ったのは、「スタジアムやアリーナの『場の熱』は、そこにいるスタッフから伝播する」と聞いたことで、実際、現場のスタッフ一人ひとりにそれが徹底されていました。まるでディズニーランドや一流ホテルのようなホスピタリティでした。
　まずはトップである社長にその意思と言動がなくてはなりませんし、社長から社員に、社員からボランティアに、果ては外注の警備員にまで熱が伝

わることが大事なのだと痛感しました。

　この点において、我々はまだまだ素人。航空会社の接遇研修を全員で丸一日受けたところ、驚きの連続でした。例えばお子さんの目線で座って話をする、一度バックヤードから出たらずっと笑顔でいる、文句を言っている方がいたらまずきちんと話を聞く、野次を飛ばしている人がいたら近くに寄って話を聞く、等々。私が見たMLB（大リーグ）の試合では、きょろきょろしながら歩いていると、「Hey, you, are you looking for men's room?」とスタッフから笑顔で話しかけられて、驚くとともにホスピタリティにおける彼我の差を知りました。

　Jリーグによる観戦者調査ではトップクラスの評価をいただいていましたが、ホスピタリティに関してはお金をかけずとも各自の意識で変えることができます。全員が変わることによる効果は相当大きいので、一位ではなくダントツの一位を目指そうと皆で話し合いました。

　例えば、試合前ミーティングの最後に、隣の席の人同士で笑顔を作り見せ合っていました。ときにはスマホで撮影して見せ合うことも。笑顔は人を幸せな気持ちにします。しかし、自然な笑顔はなかなかできないものです。相手から見て会心の笑顔になるには訓練が必要であると知りました。

▶②ストレスフリー

　接遇研修では、次の話を聞きました。ディズニーランドでは、人が立ち止まって周囲を見渡すと、必ずスタッフが見える位置に立っていて、どのイベントが何時からどこで行われるかを必ずスタッフが答えられるということでした。

　人数の問題で、私たちが完全に実行するのは難しいにしても、ボランティアも含めてどこまで対応できているかを確認しました。そもそも誰がスタッフなのかわからないというクレームもあったので、スタッフのウェアには「ASK ME」と書くようにしました。

座席に関するストレスフリー対策も考えました。早く来た人が友人のためにいい席をとっておくことは、少人数であれば黙認していましたが、5席以上押さえているような場合はスタッフから遠慮いただくよう、お声がけしていました。それでも、自由席で荷物を隣に置いて他の人が座れない状況は発生していたので、キックオフ間際の時間に、全員起立して荷物を持ってもらい、同列の中で隅から詰めて座ってもらうことを実施するようにしました。

これは地味な施策であり、嫌がるお客様はいるものの、効果は大きいです。身内の席を取っているふりをして荷物を置いている状態に対する周囲のストレス緩和になりますし、実際に空く席は少なくありません。

▶③ハートフルレイニーデー

屋外興行、特に屋根が充実していない施設において、雨は大敵です。予報で雨となった時点で前売り券の売れ行きは低調になり、当日に雨が上がったとしても回復は難しくなります。

もちろん、カッパを着用していても観戦環境は悪くなります。岡山のスタジアムの場合、メインスタンドには屋根があり、その両端は当時は自由席であったため、できるだけそちらに誘導し、上述の席詰めをお願いするようにしました。また、クラブカラーのビニール袋を1人につき2枚差し上げるようにしました。

49

▶④エンジョイスタジアム

「新規層の来場促進」「新規層の定着（ホスピタリティの充実）」という二本柱のうち、先に挙げた①〜③は後者になり、④は前者と後者になります。

●お誘いプロジェクト

紹介のミソは、誘われた側より誘う側と考え、紹介元が誘いたくなるようなプロジェクトを、考え得る限り多く展開しました。また、劇薬と言われていたユニフォームシャツのプレゼントにも踏み込みました。

ユニフォームは原価が高く何度も実施できないため、確実に満員になる見込みがなければ実行しない方針でしたが、2016年から満を持して導入しました。今ではそのユニフォームシャツにスポンサーをつけることもしています。

●イベントの充実

広告宣伝にはお金は使わない、かつ、イベントにもできるだけお金を使わない方針でしたが、イベントへの出費を少し増やすことにしました。例えば、「ふわふわ」「夏場の移動大プール」等が挙げられます。

実施内容は、集客に力を入れている球団・クラブのものを真似しました。米国の野球の３Ａの球団は、Ｊ２と同じぐらいの観客数と予算規模で経営しています。しかし、イベントに関してはかなり熱心で、「内容はパクり合戦だ」と言っていました。私がヤンキースの３Ａのスクラントンに行ったときには、誕生日週の人全員にグラウンドに入ってもらい、ミニボウリング大会を開催し、かなり盛り上がっていました。他の３Ａ球団の取り組みを真似たそうです。日本の球団・クラブでも、他の球団・クラブのイベントを参考にするのはありではないでしょうか。

このようにして、「チャレンジ１」の２年目に、平均１万人を達成しま

第1章　ファンづくりと球場集客の実践方法

プレゼントやイベントによる集客

女性客にユニフォームシャツをプレゼント

子ども向けの「ふわふわ」と「プール」

51

した。

　しかし、集客には終わりがありません。どんなに人気のある興行でも、一定の離脱率があります。人口が少ない街は娯楽が少なく、スポーツ興行に人が集まりやすいと言う人もいますが、Jリーグで働いた経験からすると、都会のほうが楽に感じましたし、よほどおもしろい興行でないと人は来ません。スマホで楽しめる娯楽に勝つのは至難でしょう。よって、絶えざる工夫と努力が求められます。

　選手は、試合に出て活躍しないと現役を続けることができません。ですからプロの純度が高く、こちらが頑張れと言わずとも頑張る集団です。

　事業側は、少ないスタッフ数でもプロ意識を持ち、助けてくれるボランティアの方と頻繁に話し合い、一緒によい興行を作り上げていく。サポーターが増えてきたら、クラブ側に言いたいこともたくさんあるでしょうからしっかり話し合いを続け、協力できることは協力していく。

　今回、書籍化に際していろいろと整理してみて、つまるところその協力が大事なように思います。

　興味を持ってくれた人をがっかりさせない。最後は精神論のようで申し訳ありませんが、地方の興行において1人でも多くの人に来ていただくために、意識してもいいことではないでしょうか。

マーケターから見たサッカー業界

　39ページでご紹介した調査に入る前に、調査の設計を含め、国内屈指のマーケターの方々と打ち合わせを重ね、以下の助言をいただきました。サッカーにおける顧客獲得の話で、一般的に参考にならない部分もありますが、ご紹介します。

▶①主体（クラブや球団）以外からの情報発信
- 主体が発信する情報はスルーされる。他の媒体・団体・個人などから様々な切り口で発信してもらうことが効く。そういうネットワークやアライアンスを作ることが大事

▶②イベントの少なさ
- 試合前のイベントではなく、試合と試合の間隔を埋めるような行事やニュースが必要
- ファン同士が話題にできるようなイベントがもっとあったほうがよい。仲間が集まることによって、離脱が減る。人が話題にするのを聞くと頭にモヤモヤが残り、誘われたときにアクションを起こしやすい

▶③スター選手
- ファンは、結局は「人」を好きになる。サッカーを好きになるのが理想だが、必ずしもその必要はない
- Ｊリーグはすでに一定程度のマスコミの露出はある。しかし、ソーシャルメディアではあまり話題になっていない。話題にする人、または回数が少ない
- 試合以外の切り口が大事。古い話だが、設立当初のＪリーガーは六本木的なイメージで、写真誌に撮られることでも話題になっていた

▶④その他

・サッカーは試合数が少ないため、次の試合までの間隔が長い。野球との違いを認識すること

・野球界は、「NPB開幕→オールスター→甲子園の高校野球（スター候補生の誕生）→日本シリーズ（日本一決定戦）→ドラフト会議→オフシーズン→キャンプイン」の流れが鉄板としてできており、誰もが知っている。時期も毎年一緒。このわかりやすさは新規層の関心を得るうえで重要。サッカーは新規層にとってルールがわかりづらいだけでなく、地上波のテレビで見ても「この試合は何の試合か」がわかりづらい

・新規やライト層のほうが、既存客より圧倒的に市場が大きいことを理解すること。これはJリーグに限った話ではない。ただ、Jリーグは特にコア層の比率が高く、目いっぱい無理をしてお金を使っていることを認識すること。1日3杯のコーラを飲む人に4杯目を勧めても飲まず、CRM（顧客管理）で成功した例はほとんどない。既存客を大事にしながら、新規をいかに獲得するかに注力すべき

・新規はやみくもにマーケティングしてはダメ。まずは多くの人を対象に「今後1年以内にJリーグのスタジアム観戦をしたい(高関心層)」の割合を調べること。そしてその層に絞り打ち手を打つこと

　以上の助言は耳の痛いものでしたが、その後の打ち手を考える必要があるので、これらを頭に入れて調査や打ち手の設定に臨みました。

第 2 章

スポンサーの
獲得について

1 4大収入の中で最大金額

スポンサー収入は営業利益率が高く上限がない

　国内プロスポーツにおいては、放映権収入、スポンサーからの広告料収入、入場料収入、グッズ収入が4大収入で、そのうちスポンサー収入は最大の収入源です。

　入場料収入と異なり、スポンサー収入には上限がありません。営業利益率も高く、チーム強化費にその多くを回すことができます。また、スポンサーになった企業の方々がファンになってくださるかもしれません。これらの理由から、**クラブや球団が力を入れるべき収入源**だと考えられます。

　なお、収入と最終順位に相関が高い種目においては、「稼いでいる＝選手に年俸をたくさん払える」球団やクラブは強くなります。本書で取り上げる例はサッカーが中心となってしまいますが、Jリーグが2022年と2024年に出した「クラブ経営ガイド」には、右のようなデータもあります。

▶**一般的な営業とスポーツチームのスポンサー営業の違い**

　この本を手に取られている方のなかには、プロスポーツチームで働く方が少なくないことと思います。

　プロとして活動するチームである以上、慈善団体ではなく、魅力ある興行を業とする組織体であるはずで、自分たちの魅力を伝え、その対価として収入を得ようとするのは当然の話です。

　しかし、それが簡単ではないことに、入社直後から気づかされます。

　最大の収入であるスポンサー収入をどのようにして得るのか。これは非常に難しい問いです。この章では中央統括団体とクラブのそれぞれにおいて、私が経験した範疇で、ファジアーノ岡山の協力を得て、いくつかのデー

第2章　スポンサーの獲得について

Jクラブの競技成績とチーム人件費

ここ10年程度のデータに基づくと、競技成績とチーム人件費の水準に相応の相関関係が見受けられ、特にJ1・J2についてはその傾向が明確である

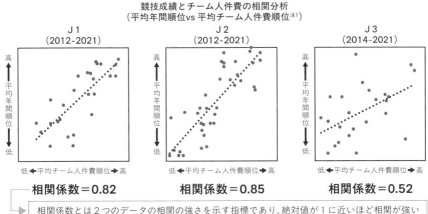

競技成績とチーム人件費の相関分析
（平均年間順位 vs 平均チーム人件費順位[注1]）

相関係数＝0.82　　相関係数＝0.85　　相関係数＝0.52

> 相関係数とは2つのデータの相関の強さを示す指標であり、絶対値が1に近いほど相関が強い

注1：同一カテゴリ・同一年度におけるチーム人件費の順位についての分析期間における平均

出所：「Jリーグクラブ経営ガイド2022」P.31

競技力と財政規模の関係

直近10年(2014年-2023年)のデータに基づくと、競技成績とチーム人件費の水準に相応の相関関係が見受けられ、特にJ1・J2についてはその傾向が明確である

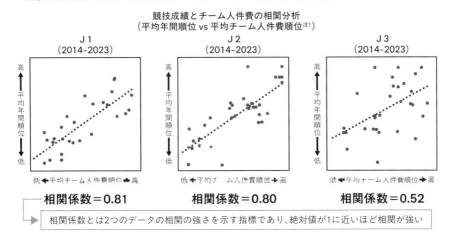

競技成績とチーム人件費の相関分析
（平均年間順位 vs 平均チーム人件費順位[注1]）

相関係数＝0.81　　相関係数＝0.80　　相関係数＝0.52

> 相関係数とは2つのデータの相関の強さを示す指標であり、絶対値が1に近いほど相関が強い

注1：同一カテゴリ・同一年度におけるチーム人件費の順位についての分析期間における平均

出所：「Jリーグクラブ経営ガイド2024」P.51

タを示しながら一緒に考えていきたいと思います。

　まず、ＪリーグとＢリーグの売上配分の右のグラフをご覧ください。

　スポンサー収入の比率が非常に高いことがわかります。黎明期のクラブとなると多くの入場料は取れないでしょうから、スポンサー収入の比率はさらに増えるでしょう。

　ただ、どの企業を訪問するか？　何を話すか？　というところで、詰まってしまいます。一般的な営業とスポーツのスポンサー営業は、少し異なるからです。

　例えば、住宅会社の営業では、以下のようなプロセスをたどります。

ターゲット顧客分析：展示場に来場されたお客様の中で、誰が購買見込みが高いかを分析

見込み客接触：対象のご夫妻にアポ取り

情報収集：予算や土地の有無、購入予定時期、住宅のこだわり等をヒアリング

ニーズ・ハードル分析：予算はあり、気に入っていただいているが、知人の工務店Ｂ社と競合になりそう

攻略シナリオ設計：いかに他社の営業を上回る提案をするか…

提案：自社の商品、価格、この住宅に住んだらどんなことが実現するかというベネフィットの提案

　一般的な営業では「課題の抽出・設定」が前提にあり、それに対する何らかの解決策として、自社の商品・サービスを提案します。

　しかし、特に黎明期の球団・クラブのスポンサー営業においては、そのような営業プロセスでは、極めて低い確率でしか成約できません。もっと言うと、候補先に会ってもらうことすらできないでしょう。

第2章　スポンサーの獲得について

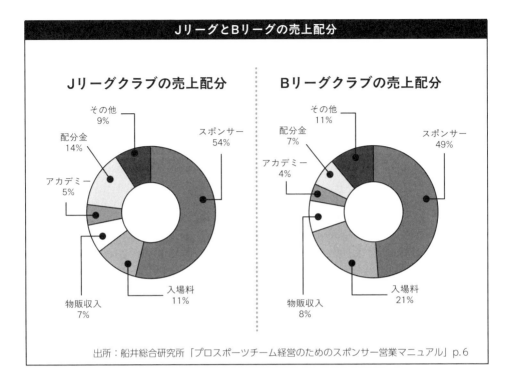

また、いわゆる「見込み客」がほぼいない現実があります。

よく、「あの会社が儲かっているから行ってみたら」と言われます。

もちろんそれで成約するケースもないわけではありませんが、**そもそも先方にニーズがないので、利益をかなり出していたとしても、会ってもらえない**のです。

コンテンツとしての価値が高ければいくぶん楽になりますが、黎明期の球団・クラブだと、費用対効果を直接的に示すことができるようなメリットやベネフィットがあるとは言えません。

目標金額を定めたうえで獲得していく

2 スポンサー営業の出発点

　スポンサー営業をするうえでまず大事なことは、スポンサー収入の合計目標金額の設定だと思います。

　右の図は、各スポーツリーグの年商規模を示しています。法人への年間パス販売を含めると、年商の40〜60％がスポンサーからの収入になります。よって、自身が属するリーグの年商規模を調べることで、大体の目標金額が設定できます。

　なぜ目標金額が大切かというと、2つの理由があります。

▶目標金額が大切な理由①

　1つ目は、それによって、核となる値段帯の設定、接触する必要がある企業の数、そのために必要な人員数等々の大事な方針が決まってくるからです。

　あまり知られていませんが、スポーツチームの商材（広告アイテム）は意外に限られています。

　企業から協賛をいただく場合、その金額に見合う露出を提供する必要があり、球団やクラブはありとあらゆる露出機会を探さねばなりません。もちろん露出箇所には限界があるため、協業による協賛（企業とクラブが一緒になって活動する：例えば清掃活動や脱炭素の取り組み等）と言い、球団、クラブのアセット（選手、プロパティ、スクール、ソフトパワー、知名度等）を用いた協賛創出にも取り組みます。

　Jリーグの各クラブのホームページに掲載されている情報から推定すると、100万円以上を協賛している企業が200社存在するクラブはなく、150社存在するクラブでも5〜6しかありません。このことは、協業系の協賛

第2章　スポンサーの獲得について

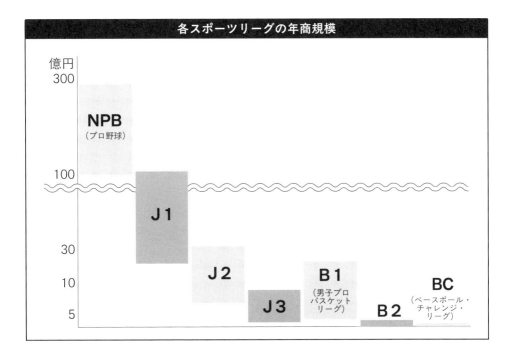

社数やアイテム数に限界があることを示唆しています。

　試合数が多い競技であれば、年間パスの金額が高くなり、法人会員の年会費を100万円以上に設定することも可能かもしれませんが、そのようにできるケースは少ないと思われます。

　よって、1億円を最終目標とするのか、3億円なのか、5億円、10億円、20億円……それぞれにおいて、各アイテムの値段設定が変わってくるでしょう。

　企業にとってのボリュームゾーンは10万～30万円になり、100万円を出すとなると、壁は相当高くなります。

　球団やクラブにとっては、当然ながら金額が高いほうがありがたいわけです。多くの球団・クラブは、スタジアムに看板やLEDで名前を掲出することのできる標準価格帯（A）と、トップスポンサーやオフィシャルスポンサーという最高価格帯（B）を設定します。これらの設定額は、目標

金額により変わってきます。よって、目標金額が初めに設定されていることが大事だと私は考えています。

▶目標金額が大切な理由②

2つ目は、スポンサーに対する、スポンサー料金の裏付けや根拠です。

例えば、200万円のスポンサーをお願いする場合、なぜ、その金額が必要なのか。そもそも、インターネット広告や地上波広告と費用対効果を比較されると、勝ち目に乏しいです。地域に夢を与え、選手が頑張っている。顔の見えない人が勝敗に一喜一憂している。そういう価値を理解していただき、クラブの活動に協力を仰ぐスタンスが必要かと思います。

「B2リーグの上位は売上が平均○○億円で、スポンサー料で××億の収入があるんです。我がチームは、スポンサー収入が1億円。リーグで上位を目指すには、選手の補強や育成を考えると、スポンサー収入を7億円にする必要があります。そのために、まず、県内で売上20億円以上の企業300社様に対して、親会社の代わりと言っては大げさですが、200万円の拠出をご相談したいと考えています」

「君らは弱くて話にならん」と言われたものの、経営情報開示資料を一緒に見て、要はお金が必要だということを理解していただき、協賛に至るケースは少なくありません。

また、「サッカーは野球と違って年俸が低いけえの。プロになりたがらんじゃろ。お前んとこの選手、いくらもらっとるんだ?」と聞かれ、「月給3万、5万、7万の3パターンです」と真実を伝えると、驚かれることも珍しくありません。

「そりゃ、頑張るのは選手じゃねえの、お前さんらだよ」「はい、早く平均年俸480万に持っていきたいんです」という流れから、「わしも協力するわ」と嘘のような話で協賛が決まったケースもありました。

クラブや球団の都合にはなりますが、「なんでこの金額」という説明を

62

第2章　スポンサーの獲得について

全体の目標金額と各スポンサー料金の例

例：1.3億円のケース

ユニフォーム	4社	4,800万円
トレーニングシャツスポンサー	2社	1,000万円
300万スポンサー	2社	600万円
200万スポンサー	6社	1,200万円
100万スポンサー	15社	1,500万円
50万スポンサー	30社	1,500万円
30万スポンサー	35社	1,050万円
10万スポンサー	50社	500万円
5万スポンサー	100社	500万円
うちわスポンサー（6万と10万）	40社	約320万円

計　1億2,970万円

例：7億円のケース

ユニフォーム	6社	1億2,000万円
オフィシャルスポンサー	15社	1億9,900万円
300万超スポンサー	22社	1億2,650万円
100万以上300万以下スポンサー	123社	2億5,250万円
50〜99万スポンサー	21社	1,050万円
30〜49万スポンサー	35社	1,050万円
20万スポンサー	77社	1,540万円
10万スポンサー	128社	1,280万円
5万スポンサー	126社	630万円
うちわスポンサー（6万と10万）	150社	約1,200万円

計　7億50万円

することで、クラブの目指す方向性の共有にもなります。

　Ｊリーグの場合、Ｊ１〜Ｊ３で親会社を持たないクラブのスポンサー金額合計で、あるいは親企業およびその関連企業を除いたスポンサー金額合計で、20億円に到達しているクラブはほとんどなく、10億円に到達しているクラブも希少です。

　また、親会社がないクラブは営業スタッフ数がかなり多く、そこで稼がなければクラブが成り立たない現状があります。逆に言うと、親企業があるクラブで独立を考える（親企業からの補填を限りなくゼロにする）のであれば、入場者収入とスポンサー収入を増やすのが王道で、特にスポンサー収入については大きな余地が残っているように思われます。

　NPBには、公表されている数字はありませんが、試合数が多いことから、年間チケットを企業に購入してもらうという、チケットを軸にした協賛収入があります。

　サッカーやその他の種目においては、チケットは協賛に対するホスピタリティサービスとして出すので、純粋な協賛目的で獲得するケースが多くなります。

　また、スポンサー収入が30億円とか40億円規模のクラブの場合、親企業およびその関連企業からの拠出比率が一定程度あり、市民クラブからすると唖然とするのですが、そこと比較してもしようがありません。まずは自分たちで得られる協賛金額として１億円を目指し、そのあと３億円、そして５億円というように段階を決め、各段階に到達するときに先ほどのＡとＢの額の見直しを測っていくことが大切ではないでしょうか。

　その際、クラブの一方的な決めごととならないよう、協賛企業全社と相談しながら決めていく姿勢が望ましいと思われます。

　なお、協賛については、役務をきちんと整理しておかなければなりませ

ん。私がJリーグ（公益社団法人日本プロサッカーリーグ）のリーグスポンサーの皆さまと話をするときは、

・露出（LED看板や弾幕等）

・ホスピタリティ（チケット等）

・アクティビティ（選手稼働や清掃活動への協力等）

・権利（「わが社は○○チームを応援しています」と名刺に載せることができる呼称権や、エンブレムを使用できる権利等）

の4つに分けて説明していました。スポンサーの役務に関してはこの4つでほぼすべて整理できます。

では次から、具体的な事例を見ていきましょう。

3 ファジアーノ岡山の スポンサー数と営業体制

営業スタッフの確保が大事

ファジアーノ岡山は、2009年から2024年までJ2リーグに所属し、昇格も降格もなくきていました。スポンサー収入は、コロナの期間に少し下がっているものの、地域の方々のご理解により、おおむね右肩上がりに伸びています。不況等の理由でやむなく離脱する企業もあるので、合計（ネット）で毎年最低5,000万円以上アップすることを意識してきました。

ここから、いくつかデータを示していきます。これらは、2006年に発足してから2023年に至る18年間において、100万円以上の協賛実績があるすべての企業や団体に対するものになります。

離脱した場合も、1度は協賛実績があった企業・団体は、調査の対象としています。なお、2025年度からJ1に昇格したため、スポンサー収入は2倍近くに増えていますが、本書では黎明期にフォーカスしたいため、基本的に2023年までのデータを用います。

まず、スポンサー数（100万円以上協賛社数）の推移について。

年度による増減の差はあるものの、おおむね安定して増えています。

ここで気になるのは営業スタッフの数です。

親企業があるクラブは親クラブや親球団と言われ、その対義語は市民クラブや市民球団になります（ファジアーノは岡山県全体をホームタウンとしますが、市民の意味はCityではなくCitizenになるため、ホームタウンの対象エリアに関係なく、親企業がいない場合は市民クラブと一般的に呼ばれます）。

前述したように親企業があるクラブは営業スタッフが少なく、市民クラ

第2章　スポンサーの獲得について

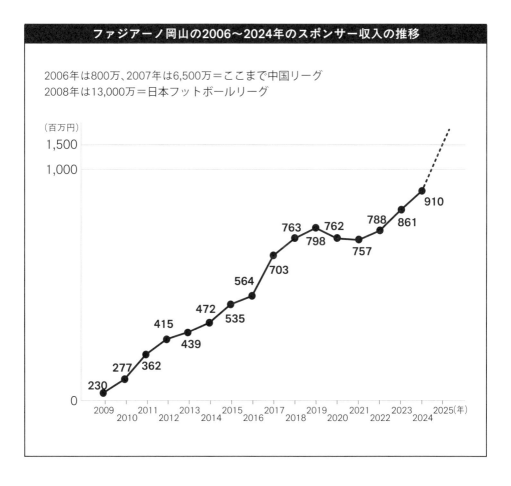

ブは多い傾向があります。親企業からまとまった億単位のお金が入るので、担当者数が比較的少なくても成り立つからです。

▶ **営業スタッフの人数と仕事量**

　ファジアーノの場合、最初は社員1名と私で営業を始め、毎年1名ずつ増えていき、2016年に法人営業担当は9名になり、現在に至ります。協賛企業数の増加とともに営業スタッフも必要になり、彼ら・彼女らが協賛および候補企業に愛されなくては始まらないため、スタッフの採用と育成

67

は経営陣にとって非常に重要となります。

　１日に会食等を含めて平均４社を訪問すると設定し、試合日および前後を除いて稼働できる年間日数を200日としたら、訪問回数は年間800回となります。顧客数の増加に応じて営業スタッフを増やしてきました。

　１つの会社でも社長だけに会う場合もあれば、会長や常務、組合長に会うケースもあり、企業ごとに訪問回数は異なるので、どなたに会うのかまできちんと設定したうえで年間訪問回数を決めます。

　なお、球団やクラブに勤めるとよくわかるのが、とにかくホームゲームの設営・撤去に多くの時間を割かれることです。営業責任者や経営陣は、営業担当者の外回りの時間をきちんと確保することが欠かせません。

　また、１人の営業のノルマを時々聞かれます。これは大事ではあるものの、営業チーム全体としてのノルマのほうが大切だと個人的には思っています。実際に成約に至るには、情報の質量や人脈に左右されるので、それを大切にし、共有するカルチャーを作っておくことに意味があります。

第2章　スポンサーの獲得について

スポンサー（＝100万円以上協賛社）数の推移

	協賛社数	スポンサー数	新規	離脱
2006年	50	2	29	
2007年	130	8	8	
2008年	200	16	16	
2009年	289	61	36	1
2010年	373	77	18	2
2011年	425	83	9	3
2012年	483	99	19	3
2013年	545	110	15	4
2014年	595	125	20	5
2015年	624	135	15	5
2016年	645	143	16	8
2017年	648	159	18	2
2018年	632	165	7	1
2019年	662	165	7	6
2020年	624	164	11	13
2021年	635	162	11	13
2022年	657	168	10	4
2023年	670	168	10	10

※協賛社＝協賛企業すべて（うちわ協賛社を除く）
※スポンサー＝協賛企業のうち100万円以上の拠出
※新規、離脱＝スポンサーのみ

町一番の大手企業だけにこだわる必要はない

スポンサー企業の売上高と拠出金額の関係

　次に、スポンサーの拠出金額と拠出企業の売上高との関係を示します。ここから、次の傾向が見えてきます。

・500万円以上の拠出は、会社売上規模と相関が高い
・100万〜499万円の拠出は、会社売上規模と相関が低い
・100万〜499万円の拠出は、売上規模20億円未満企業の比率が最も高い
・売上が30億〜50億円の企業から1,000万円以上の拠出は可能。売上が20億円未満の企業から500万以上の拠出は可能

　業種にもよるので一概には言えませんが、100万以上500万未満の協賛をいただくことを考えると、会社の売上規模は関係ないと言えそうです。
　「はじめに」で申し上げたご縁で、私は船井総合研究所の「地域プロスポーツビジネス経営研究会」で講師を務めています。
　研究会に初めて参加する人の多くが、「うちの地元には大きな企業が少ない」と言います。
　大きな企業はもちろん大切ではあるものの、競合は多く、費用対効果もかなり厳しいはずです。
　300万円の協賛を50社からいただくと、1億5,000万円になります。地方都市であっても、売上10億円から20億円の企業はそれなりにあるはずです。後述しますが、後背人口が少なかったとしても、スタッフをきちんと揃え、クラブの理念や活動を理解していただき、企業と信頼関係を築くことで、数億円以上の協賛金獲得は十分可能になると思われます。

スポンサー拠出金額と拠出企業売上高の関係

拠出金額 ＼ 売上高	300億円以上企業	100億～300億円未満企業	50億～100億円未満企業	30億～50億円未満企業	20億～30億円未満企業	20億円未満企業
100万～199万円	13	10	19	7	7	28
200万～299万円	5	17	11	5	5	17
300万～499万円	8	12	9	13	6	11
500万～999万円	10	6	3	2	1	2
1,000万～2,999万円	7	1	7	6		
3,000万円～	2					

スポンサー拠出金額と離脱企業売上高の関係

拠出金額 ＼ 売上高	300億円以上企業	100億～300億円未満企業	50億～100億円未満企業	30億～50億円未満企業	20億～30億円未満企業	20億円未満企業
100万～199万円	7	5	9	4	3	14
200万～299万円	4	8	4	0	2	7
300万～499万円	2	4	1	1	2	3
500万～999万円	1	0	0	0	0	0
1,000万～2,999万円	2	0	0	0		
3,000万円～	0					

巷の経済情報誌を購入し、地元の売上高別企業数のリストを入手することは大切です。いくつかの県の数字を右に提示しているので、大まかなイメージをつかんでください。

　もちろん、企業数が多いほど接触できる潜在企業数は多く、企業規模が大きいほうが潜在拠出金額も高いという推定が働きます。ただ先ほどの説明、および、こちらに記した主だった県別の「売上高別企業数」を見ると、各県には数百万円の協賛が可能な十分な企業数が存在するため、スポンサー収入の目標が10億円までであれば、企業数は関係ないと思われます。

　「うちの町は小さい」ということであれば、他の市や県に比べて現実的な価格帯を設定したり、必要なスタッフを採用したりすることに注力することが大事でしょう。

　黎明期の球団・クラブから、「『その町一番の』『その町を代表する』企業にどうスポンサーになっていただくか」といった質問を受けることもあります。町を代表する企業にはいろいろな協賛依頼があり、1つのチームに出すと他にも出さなければならなくなるため、相当、難易度は高くなります。また、大きい金額を出すくらいなら、自分でチームを保有するほうがいいと判断する可能性もあります。この資料から、決して大手だけにこだわる必要がないことを感じ取ってください。

　ただ、言うは易し、行うは難し。

　どのようにして企業と出会い、どのようにして協賛が決まるのか。

　これには確実なメソッドはなく、欧州リーグであっても、ビッグクラブ以外は胸スポンサーで百万ユーロを超える金額が決まることは難しいと耳にします。欧州のクラブはアニュアルレポートを出しており、欧州リーグの1部所属であっても、下位クラブのスポンサー収入はJ1リーグの平均とそう変わりません。親企業および関係企業以外から大きな金額を拠出いただくことは、簡単ではないのです。

第2章　スポンサーの獲得について

売上高別企業数

	東京	神奈川	北海道	埼玉	福岡	千葉	静岡	広島	新潟
10億円以上	11,290	2,740	2,585	2,233	1,966	1,582	1,413	1,246	975
20億円以上	4,839	1,030	908	755	782	552	577	448	401
30億円以上	4,549	862	805	629	623	454	474	380	264
50億円以上	4,198	685	592	447	494	383	391	313	214
100億円以上	6,931	811	497	449	570	330	381	311	213
合計	31,807	6,128	5,387	4,513	4,435	3,301	3,236	2,698	2,067

	岐阜	宮城	岡山	熊本	鹿児島	富山	山梨	佐賀
10億円以上	860	859	769	605	609	485	330	318
20億円以上	329	330	289	206	217	204	103	107
30億円以上	255	232	254	150	155	162	84	94
50億円以上	213	209	176	159	133	129	91	63
100億円以上	203	207	196	142	126	133	59	61
合計	1,860	1,837	1,684	1,262	1,240	1,113	667	643

協賛を決めた21の理由を分析する

5 企業が協賛を
決めた理由

引き続き、ファジアーノ岡山の事例を見ながら話を進めていきます。

まず気になるのが、「なぜ協賛したか」。

協賛した理由について。初協賛決定時の協賛側の意思決定者や担当営業スタッフへのヒアリング、当時の日報を総合しながらまとめると、右の21が挙げられました。

多くの場合、1つの理由で決めたわけではなく、いくつかの理由が複合的になっています。インサイト（深層心理）にどこまで本当にヒットしているかを完全に突き詰めることはできていませんが、言語化してみるとこのように整理できました。これらは、1つ1つが独立した理由ではなく、因果関係になっている場合もあります。右ページの一覧においては、1〜5は協賛企業の業績に直結する理由、6〜14が地域やクラブに関わる理由、15〜21は協賛企業内部の理由、と大きく分けられます。

私自身は、Jリーグに昇格する2009年までにすでに多くの企業に接触していたので、昇格後はその企業への挨拶を欠かさないようにしていました。よって、Jリーグに昇格してからの新規協賛はすべて新規入社の社員が獲得しています。何かの会合でお礼かたがた拠出理由を伺うと、「〇〇君（営業担当）が頑張ってるからね」「根負けしないつもりだったし、試合にも行くつもりはなかったんだけど、行ってみたら、あんなに盛り上がってると知ってびっくりしたんだよ。だから努力賞みたいなもんだ」といった言葉をかけられることが少なくありませんでした。

それぞれの理由について、以下に補足します。

74

第2章　スポンサーの獲得について

	協賛拠出した理由	
	以下の21の理由に分けられる	
1　他の広告や使い道より魅力的	8　クラブに拠出することで間接的に地域に貢献したい	15　企業側の経営交代（代替わり）
2　本業に有利になる	9　クラブが大好き	16　横並び意識。同業他社や友人社長が拠出している
3　業績が好調/好転	10　理念や将来ビジョンに共感した	17　社員や家族が喜ぶ/社員の共通の話題になる
4　採用に有利になる	11　クラブの可能性に賭けた	18　税金を払うくらいなら
5　企業イメージアップやブランド価値に寄与	12　応援に来ている県民を喜ばせてあげたい	19　グループ企業を含む追加拠出
6　サッカーが好き	13　営業が頑張っている	20　紹介元からの強いプッシュ
7　地域にクラブが貢献している	14　一度試合に行き納得した	21　社員の猛プッシュ

●本業に有利になる

　直接的に売上に貢献することなので、「採用に有利になる」とは異なります。

●企業イメージアップやブランド価値に寄与

　スポンサーになった結果として採用に有利になる可能性があるため、「採用に有利になる」ことと因果関係があるとも言えます。イメージアップの理由だけの企業もあれば、採用まで考えている企業もあります。また、採用に有利になる例としては、クラブのファンやサポーターの大学生が採

用面接に来るケース、試合の観戦が企業名を知るきっかけになったケース、親がクラブのファンで協賛企業のことを知ったケース等があります。

● 地域にクラブが貢献している

これは取ってつけたような理由に感じるかもしれませんが、実際には毎年全選手が小学校を複数回訪問していることを評価する企業があったり、集客力を評価する企業があったり、勝った・負けたという社員共通の話題を提供していることを評価する企業もあります。

● クラブが大好き

「サッカーが大好き」と「クラブが大好き」は少し異なります。「サッカーが好きだから応援したい」というシンプルな理由が前者で、「地元にできたクラブを応援しよう／強くなってもらいたい」とか、「観戦を通じてクラブが好きになり、応援したくなった」が後者になります。

● 応援に来ている県民を喜ばせたい

これは変わった理由に思われるかもしれません。しかし、「実際に試合に来て、若者が『岡山』と連呼する姿を見て驚いた」とか、「サポーターが無理をしてアウェイに行っていることを知り、そういう人たちを喜ばせたい」という企業は少なくありません。

ちなみにサポーター組織には、大きな旗を振る係、声を出す係、弾幕を運んで設営する係を中心に、さまざまな役割があります。組織を維持していくための義務を果たすにはエネルギーが必要で、チームを応援する気持ちの根底には地域愛があったりします。企業側が、サポーターとして頑張っている方とお話しした結果、「応援しよう」となったケースもありました。

第2章　スポンサーの獲得について

● 横並び意識

「友人の○○さんも出しているから」とか、「同程度の売上規模の企業が△△万円の協賛をしている。そのぐらいであればうちもできるかな」という理由です。後述するように、逆のケース、例えば「同業他社がすでにこれだけ目立っているから、わざわざうちが協賛する意味を感じられない」というケースもあります。

● 税金を払うくらいなら

協賛は、企業側からすると損金に算入できます。利益から損金を引くと、対象となる利益金額が減るので、納める税金が減ります。よって、税金を払うぐらいなら、チームに協賛して露出を高めようと考える企業もあります。スポンサーをする場合の費用は、企業側の科目としては、広告宣伝費、販売促進費、福利厚生費のいずれかとなる場合がほとんどです。

● 社員の猛プッシュ

通常、企業が協賛すると、社員から「そんなところにお金を使うくらいなら、ボーナスを増やせ」と不満が漏れたり、取引先から「そんなに払えるのなら、もっと安くしろ」と嫌味を言われたりするものです。地方の企業はほとんどがオーナー企業で、一族から社長を輩出します。語弊があるかもしれませんが、社員がトップになれる可能性は低いため、社員や取引先に対する経営者の気遣いや配慮は極めて細やかです。協賛することでがっかりする社員がいると考えると（花火大会の協賛に始まり、地方企業には義務に近い協賛が結構あります。それを奉加帳と呼ぶ人もいます）、スポーツへの協賛は簡単には決断できません。よって、一度出したらその金額を増やすことは至難となります。

反対に、「クラブを応援している社員が社内に結構いて、彼ら彼女らが喜ぶから拠出した」というケースもあります。実はここは大事で、協賛したら喜ぶ社員がどのくらいいるのかを、経営者は冷静に見ているような気

77

がします。

　では、企業の協賛理由の結果を見てみます。
　理由が１つだけという企業のほうが少なく、その場合は按分しています。

　総じて高い割合なのが、
・営業の頑張り
・地域に貢献したい
・紹介元のプッシュ
・可能性に賭けた
で、次に多いのが、
・横並び意識
・本業に有利
・企業イメージ
・採用に有利
　です。

　「サッカーが好き」という理由が少ないのは、１つの特徴かもしれません。
　私が直接お目にかかった協賛企業数は300〜400社ありますが、社長が
サッカー部出身者だったのはわずか５〜６社でした。若い経営者にはサッ
カー部出身者が増えつつあり、これからの世代に期待する反面、多種多様
なスポーツを楽しめる日本において、サッカー愛の強い方に会うことはな
かなかできません。
　サッカー好きな方に会えても、「Ｊリーグには興味がない」「日本代表な
ら興味がある」「もっとヨーロッパのようなおもしろいサッカーをしろ」
等の理由で協賛につながらないケースもありました。実際、私の大学の
サッカー仲間でＪリーグの試合を観ている比率は低く、その前提に立って
営業することは大事だと思います。

第2章　スポンサーの獲得について

協賛拠出した理由（％）

	全体	2006〜2009年	2010〜2013年	2014〜2018年	2019〜2023年
他の広告や使い道より魅力的	2	2	3	1	0
本業に有利になる	5	4	1	4	13
業績が好調/好転	2	1	1	3	2
採用に有利になる	4	0	2	3	13
企業イメージアップやブランド価値に寄与	5	6	4	4	8
サッカーが好き	3	2	1	4	3
地域にクラブが貢献している	2	0	3	4	1
クラブに拠出することで間接的に地域に貢献したい	14	14	16	12	10
クラブが大好き	2	2	0	4	2
理念や将来ビジョンに共感	2	4	2	1	1
クラブの可能性に賭けた	10	20	12	4	2
応援に来ている県民を喜ばせてあげたい	1	3	0	3	0
営業が頑張っている	19	5	18	29	22
一度試合に行き納得した	1	0	1	1	3
企業側の経営交代（代替わり）	3	1	1	4	5
横並び意識。同業他社や友人社長が拠出	5	9	5	4	2
社員や家族が喜ぶ/社員の共通の話題になる	3	1	4	3	6
税金を払うくらいなら	0	0	1	0	0
グループ企業を含む追加拠出	3	0	7	3	2
紹介元からの強いプッシュ	13	26	15	6	4
社員の猛プッシュ	1	0	3	3	2

逆に「俺は野球だから（サッカーは興味ない）」と最初に伝えられたケースでは、正確なデータはないものの、その後、協賛が決まった企業が多くあります。種目の差異より、筋書のないドラマが生まれるスポーツの醍醐味を知る方であれば、長い会話の中で理解を示してくださるのだと感じます。

　これらはファジアーノ岡山のスポンサー営業の際に身につまされた経験で、逆にＪリーグ（公益社団法人日本プロサッカーリーグ）の専務理事時代は、中央の大企業は社員数も多く、「僕は浦和出身でレッズのファンでね」とか、「サッカーには興味がないけど、柏出身だからレイソルの結果は必ずチェックしています」等々、１都３県※にはＪクラブが多く、また存在する歴史も長いためか、印象が異なりました。首都圏で同じような分析をすると、違った結果になると思います。

※１都３県＝東京都、千葉県、埼玉県、神奈川県

　また、コロナ期は直接訪問することが難しく、それまでと異なるアプローチ（本業に有利、企業イメージアップ、採用に有利）が増えました。この傾向は、現在に至るまで続いています。

　以上は、あくまで１つの地域の事例に過ぎず、他の理由もあるかもしれません。しかし、拠出理由がいずれかに当てはまる可能性がある以上、これらは「協賛企業側が求めていること」と理解し、会話をしていくなかで探っていくことが大切であるように思われます。

協賛拠出した理由（％の高い順に◎ ○ △ × で示す）

	全体	2006~2009年	2010~2013年	2014~2018年	2019~2023年
他の広告や使い道より魅力的					
本業に有利になる	×	×		×	○
業績が好調/好転					
採用に有利になる	×				○
企業イメージアップや ブランド価値に寄与	×	△	×	×	△
サッカーが好き				×	
地域にクラブが貢献している				×	
クラブに拠出することで 間接的に地域に貢献したい	○	◎	◎	○	○
クラブが大好き				×	
理念や将来ビジョンに共感		×			
クラブの可能性に賭けた	○	◎	○	×	
応援に来ている県民を 喜ばせてあげたい					
営業が頑張っている	◎	×	◎	◎	◎
一度試合に行き納得した					
企業側の経営交代（代替わり）				×	×
横並び意識。 同業他社や友人社長が拠出	×	△	×	×	
社員や家族が喜ぶ/ 社員の共通の話題になる			×		
税金を払うくらいなら					
グループ企業を含む追加拠出			△		
紹介元からの強いプッシュ	○	◎	◎	△	△
社員の猛プッシュ	△				

「会ってもらう」のが最大の難関

いかにしてスポンサー企業に会ってもらうか

　拠出理由については、いくぶん理解が深まったでしょうか。実際にスポンサー営業をするうえで難易度が高いのが、59ページでも指摘したように、「ニーズがないので、見込み客がいない。もっと言うと会えない」ということです。よって、まずはお目にかかる機会を得ることが難しく、「いかに会うか」が大事になってきます。私の主観になりますが、スポンサー営業において、これが最大の難関です。

　ファジアーノ岡山は、自分たちだけで営業活動をしています。もし広告代理店と提携するメリット・デメリットがあるとするなら、メリットは、ドアノック＝いかに会うかを考える必要がないことかもしれません。

　企業からすると、売上に直接関係せず、また人財獲得や資産運用にも関係しないので、スポーツチームに会う必要がありません。総務部や広報部に「一度話を聞いてほしい」と連絡しても、「お金の無心ですよね？」とは直接言われないまでも、丁重に断られます。会社の経費をいかに増やさないかは総務部の大事な仕事ですから、ファーストコンタクトの難易度は高いです。自分がスポーツをすることに興味がある人でも、観戦や協賛となると話が変わってきます。

　私がJリーグの専務理事時代に各クラブからいただいた質問で一番多かったのが、この質問でした。
　「どうやったらスポンサー企業の担当者や社長さんに会えるんですか？」
　「どのようにしたら会っていただけるか」についても、勝ち筋のメソッドはないと思います。スポーツに限らず、多くの業種で同じ悩みがあるで

第2章　スポンサーの獲得について

スポーツに興味・関心がない人はかなり多い

スポーツ観戦に関心がありますか？

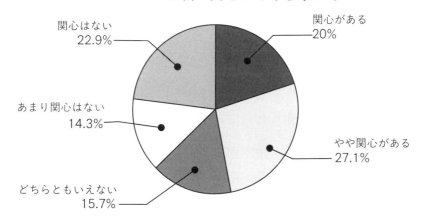

マイボイスコム株式会社「スポーツ観戦に関するインターネット調査」2020年2月

2019年、会場でスポーツ観戦をしましたか？

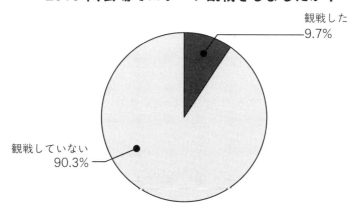

au自分銀行株式会社「スポーツとお金に関するアンケート」2020年2月

83

しょう。

　協賛の意思決定者になぜ会えたかを、同じくファジアーノ岡山の協力により調べてみたところ、右の理由が挙がりました。過去に協賛が決まった250社の企業の意思決定者に「出会えたきっかけや理由」です。拠出理由と同様に様々なパターンがあり、それぞれの理由が因果関係になっているケースもあります。以下に補足します。

● 紹介

　特に黎明期は、球団やクラブ名が知られていないので、お伝えしても「はぁ？」となることが多く、球団・クラブを応援してくださっている方からの「紹介」は貴重な機会です。

　もちろん、名前を知られていたとしても、紹介は貴重な機会でしょう。スポンサーになってくださった方に、「この企業に接触したいのですが」と相談したら、紹介していただけたというケースもあります。

● 知り合い

　お金の無心をしたらそれまでの関係が壊れる、壊れないにしても少し溝ができる可能性があります。ただ、運営費の捻出のため、球団・クラブの成長のために、思い切って知り合いに相談するケースになります。

● 経済界重鎮

　地方には商工会議所、商工会、経済同友会、経営者協会、青年会議所、商工会議所青年部といった経済団体があります。名士の方々が名を連ねており、地元の行事やイベントで持ち出しが少なくないはずですが、「地元のスポーツチームのために一肌脱ごう」という心意気で拠出してくださるケースがあります。

出会えたきっかけ	
紹介（スポンサー・株主）	直接手紙を送る
紹介（それ以外）	会合や式典で声がけ
役員・社員・選手・家族が知り合い	校友会／同窓会
役員・社員と同じ経済団体	夜討ち朝駆け
経済界重鎮	サポーターが社内に働きかけた
問い合わせ	子どもがスクール生
球団・クラブ代表の講演	既存先増額

● 球団・クラブ代表の講演

　講演を主催するのは、経済団体・ロータリークラブ・ライオンズクラブ・金融機関の会・有志の会・企業……と多岐にわたります。そうした講演の主催者だけでなく、講演会後の懇親会で参加者と名刺交換をして関係が始まるケースもあります。

● 手紙を送る

　代表者と総務担当宛てに、クラブ紹介・クラブ理念・自己紹介を書いた手紙をお送りし、そのあとでアポを依頼します。それで会っていただける可能性は低いものの、記憶に残っていると、何かの機会でお目にかかったときや何らかの紹介を受けたときに話が少しスムーズに進むようになりました。

　また、手紙を出すことは、その内容が本当に自分たちの価値をお伝えできているかを何度も検証し、自分たちの価値を認識する機会にもなりました。

　以下のような手紙を送ります。

拝啓、突然のお便りで申し訳ございません。私はファジアーノ岡山で働く
○○○○と申します。御社の記事が掲載されておりました5月27日△△新聞地
方経済面を拝読し、お手紙を差し上げた次第でございます。

　2017年、ファジアーノ岡山がJリーグへ入会し9年目のシーズンを迎えました。
日本には男子社会人サッカーチームが6000近くあり、Jを1部リーグとすると10
部リーグまでがひしめく世界です。現在ファジアーノ岡山は、東京ヴェルディ
や三浦知良選手(キングカズ)が所属する横浜ＦＣなどと同じカテゴリーである、
Ｊ２リーグに所属しております。

　今でこそ、ファジアーノ岡山は少しずつ岡山県民の皆様に知られる存在になっ
てまいりましたが、創業11年足らずのベンチャー企業です。100年以上の歴史を
持つ海外クラブがそうであるように、人々の生活の一部となる存在になれるよう、私
が所属する社長室では、仲間の輪を拡げるため、岡山県内にある売上20億円
以上の企業約500社をあまねく訪問申し上げることを目標にしております。

　後述致しますが、私は岡山大学出身で、在学中に××市出身の友人がおりま
した。彼は××市を愛し、会うたびに地元自慢を聞かされます。

　「◎◎◎(今回手紙を送っている会社名)は県の製造業を支えている素晴ら
しい企業なんだぞ」と数年前に彼が言っていたのを、今でも思い出します。私
の地元にはありませんが、創立●●周年を迎えられた◎◎◎株式会社様のよ
うな歴史と伝統があり、地域のアイデンティティとなる企業が出身地にあること
は、とても幸せなことなんだと、改めて実感しております。

　過去にそのような出来事があったため、御社はぜひ私が担当させて頂きた
いと思い、代表の木村に直接相談し、甚だ勝手ながら私が御社様の担当となっ
ておりました。
　唐突な手紙であり、名前も聞いたことのないようなプロチームから、勝手に
担当者だと言われても迷惑千万な話かと思います。どうぞ、お許し下さいませ。
私の努力不足を棚に上げ申し訳ないのですが、今まで御社様との繋がりを見つ
けることが出来ず、▲▲社長にお目にかかる機会が一度もございませんでした。
　もし許されるのであれば、ぜひ一度、御社をご訪問させて頂きたい希望がご

ざいますが、▲▲社長におかれましては、非常にお忙しい毎日をお過ごしでいらっしゃるかと存じます。つきましては、大変恐縮ではありますが、このような書状と活動報告写真を数ヶ月に一度、送付させて頂ければと思っております。我々はこれまで集客を第一に考え、スタジアムや練習場のある岡山市を中心に活動をして参りましたが、市外へ出る度にクラブの認知度の低さを痛感します。そのような中で、●●名以上の方が勤務されている◎◎◎株式会社の代表取締役でいらっしゃり、【経済界の要職】を務められる▲▲社長に活動状況を知って頂くだけでも、クラブにとって大変幸いに存じます。

　個人的な話となり大変恐縮ですが、私は今年で27歳になり、弊社へ入社し5年目を迎えております。生まれは、□□県■■市という人口5万人ほどの小さな市で、父親は、祖父の代から続く海苔の加工会社を細々と経営しております。

　高校まで同市内で育ち、岡山大学への進学を機に、岡山市へ越してきました。そして大学卒業と同時に弊社へ入社しましたが、きっかけは大学3年生で初めて観戦したホームゲームでした。友人の誘いで初めて訪れたスタジアムには、大声援で選手を後押しする観客、多くの家族が和やかに試合を観戦する姿がありました。それは、熱狂と温和が存在した不思議な空間であり、故郷にプロスポーツチームを持たない私にとって初めて体験するものでした。この瞬間、「スポーツが持つ感動を1人でも多くの方に伝えたい」、そして「地域のアイデンティティとなるような存在を創りたい」という思いが芽生え、インターンシップを経て入社し現在に至ります。

　しかし、長男として家業を継ぐために□□に戻るべきではないかという思いが頭を離れたことはありません。また父親が今年還暦を迎えたため、その思いが一層強くなっておりますが、「岡山での夢」と葛藤をしながら、日々の活動に取り組んでおります。

　乱筆乱文にて、失礼致しました。また、余りにも唐突な手紙であったこと、どうかお許し下さいませ。最後になりますが、▲▲社長ならびに◎◎◎株式会社様の益々のご活躍とご発展を心よりお祈り申し上げ、ペンを置かせていただきます。　敬具

●会合や式典で声がけ

ファジアーノ岡山の場合、県内の主だった企業および社長名はすべて社員がインプットしており、わかる方については顔写真もインプットしています。会合や式典で一緒になり、お声がけができれば、一度訪問したい旨を告げます。

●校友会／同窓会

同一県内で大学の校友会や中学高校の全体同窓会等があれば、顔を出します。上記の会合や式典での声がけと同じようにします。

●夜討ち朝駆け

コンプライアンス上、現在は難しいかもしれません。朝、会社の前で代表者をお待ちする。あるいは、時々訪れるという場所（ゴルフの打ちっぱなし練習場、飲食店、経済団体の会場等）でアポなしでお待ちしているケースになります。

●サポーターが社内に働きかけた

サポーターの方々が、自らが勤務する会社に直談判したケースになります。

●子どもがスクール生

スクール生の親御さんが、自らが勤務する会社に直談判したケースになります。

では、「どうやって会えたか」の結果を見てみましょう。

複数の理由がきっかけとなる場合は、先ほど同様に按分しています。

右の表は、クラブが最初に接触できた年ではなく、協賛が決まった年で整理しているため、時系列は大きな意味を持ちませんが、いくつか興味深

第2章　スポンサーの獲得について

出会えたきっかけ(%)

	全期間	2006〜2009年	2010〜2013年	2014〜2018年	2019〜2023年
紹介（スポンサー・株主）	22	19	25	26	16
紹介（それ以外）	12	19	10	11	7
役員・社員・選手・家族が知り合い	12	13	8	9	18
役員・社員と同じ経済団体	7	15	3	3	7
経済界重鎮	2	5	3	1	0
問い合わせ	4	1	2	1	15
クラブ代表の講演	9	7	14	9	5
直接手紙を送る	10	8	11	11	10
会合や式典で声がけ	3	0	0	8	2
校友会／同窓会	3	6	3	3	0
夜討ち朝駆け	5	4	5	6	6
サポーターが社内に働きかけた	3	1	3	5	2
子どもがスクール生	2	1	2	3	4
既存先増額	6	1	11	4	8

い結果が出ています。

・回答数は比較的満遍なく分かれている

・紹介が重要

・黎明期には直接の知り合いや同窓生に頼る度合いが高かった

・直接の手紙は継続して結果につながっている

・コロナ期には直接紹介を受けても訪問できない場合があった。その反面、先方からの問い合わせが増えた

等々が挙げられるでしょう。

　他はご覧の通りとも言えますが、紹介はずっと安定した「出会ったきっかけ」であることがわかります。

　これはどの球団やクラブにも当てはまるのではないでしょうか。いかに自分たちの活動や理念に共感していただき、仲間を増やしていくことにご協力いただけるかは、スポーツに限らず大事なことと言えるでしょう。

　クラブとしては、例えば5年前にAさんから紹介を受けてB社に会い、5年後にB社から協賛をいただいたとき、必ずAさんにお礼を伝えることを徹底していました。増額いただいた場合も同様です。信頼できる人からの紹介でなければ、広告出稿に携わる関係者はおいそれと会ってはくれません。「紹介者はとても大事な方」と意識していました。

　また、実際に経験して感じたことは、紹介先は紹介元がいくら拠出しているかを気にされることでした。さらに、紹介元が話をつけてくださっている場合も少なくなく、驚くこともありました。

　会合や式場での声がけは、クラブは設立当初から意識していました。しかし、実際に協賛が始まるのが2014年からということは、紹介で会った場合と比べて、スポンサー候補企業側から信頼を得るには相当な時間がかかることを意味しているのでしょう。

　この本を手にしてくださっている方や私自身は、スポーツに興味がありますが、世の中の人は決してそうではなく、むしろ無関心な人のほうが多いのです。83ページの円グラフが示しているのが現実であることに直面します。五輪やW杯は、メディアが一体となって盛り上げ、1つの流行を作り出します。それは日常とは異なることを、スポーツを生業にしていると実感します。よってどんな形でも会うことが大事で、それが紹介であればなおありがたいと言えるでしょう。

最後に、「意思決定者」の定義について。「協賛の権限を持つ」のは役員会、社長、支社長（支店長）、会長、総務部長……いろいろなケースがあります。今回は、その企業で「協賛の意思決定に関わっている人」にどうやって会えたか、を調査しています。総務部長、役員、広告宣伝の責任者、あるいは社長本人になります。

実は、いろいろな企業を紹介いただく際に、「最初から社長に会わねばダメだ」とご指導をいただくことが多く、最初から社長や最終意思決定者と思しき方に会えるように意識していました。それが役員会なら、厚かましく役員会での説明の機会をお願いしたこともあります。

もう一段突っ込んだ調査として、協賛全250社のうち、最終意思決定者に会えていたかを調べたところ、以下の結果が見られました。

・**最初から会えていた＝184社**
・**最初は会えなかったがスポンサー決定時には会えていた＝38社**
・**最初は会えなかったがスポンサーが決定してから会えた＝21社**
・**スポンサー決定前後でも会えていない＝3社**

参考までに補足しておきます。

「半年以内」か「3年以上」に分かれる
協賛に至るまでどれくらいの期間がかかるのか

　では、もう少し深掘りしていきます。意思決定者に出会えてからどのくらいの期間でスポンサーが決まったかを、250社において調べています。
　ここで言う「出会えて」は、「何らかの形で対象企業に最初にお目にかかったとき」を意味します。

　右の図をご覧ください。
　ファジアーノ岡山は、2008年にJFLへ、2009年にJリーグへと連続して昇格しています。当時は役員と同じ経済団体に所属する企業が、昇格時に拠出した傾向が見られました。
　Jリーグに昇格以降（2010年～）は、期間が一気に伸びています。時間をかけて関係作りをしていること、あるいはせざるを得なかったことがわかります。他方で、確かな紹介に基づき短い期間で決まるケースも安定的に存在しています。
　直近は、以前には見られなかった「先方からの問い合わせ」が増え、半年以内の拠出決定が増えています。

　では、具体的な社数で見てみましょう
　ここ近年は、半年以内か、3年以上かの両極端な結果になっています。拠出まで3年以上かかったケースがここまで多いことに、少し驚かれるのではないでしょうか。半年以内に拠出が決まるのは、紹介のパターンが多いようです。紹介元が十分にクラブのことを伝えてくださっていて、紹介元と紹介先の信頼関係のもとに決まったことが推測されます。

	半年以内	1年以内	2年以内	3年以内	3年超
最初に意思決定者に会ってから協賛拠出に至るまでの期間（％）					
2006〜2009年	24	22	44	10	0
2010〜2014年	11	5	16	19	49
2015〜2018年	18	2	20	10	50
2019〜2023年	32	5	9	5	49

　初の訪問でほぼ決まった（決まっていた）以外では、相当時間がかかる傾向があります。1つには、あえてオファーを急がず、まずは先方とクラブとの相互理解を深めるというクラブのスタンスが影響しているものと思われます。慌ててオファーをして嫌がられ、その後のアポが取りづらくなることを避けたい、せっかく出会えたので関係を大切に築いていきたいとの考えもあります。

　スタンスはクラブの考え方により異なって当然です。ここで着目したいのは、長く訪問することで築ける信頼関係もある、ということかもしれません。

　次にもう1つのデータを紹介します。最初の協賛が100万未満で、その後、100万以上になったケースです。また、離脱してから100万以上に復活したケースです。

・2009年までは「昇格のお祝い」が多い。2010年以降は昇格がないため、昇格以外の理由になる

	平均（年）	半年以内	1年以内	2年以内	3年以内	3年超	社数
2009年	1.24	17	13	28	5	0	63
2010年	1.94	5	1	5	3	3	17
2011年	3.5	2	1	0	2	4	9
2012年	3.52	1	4	3	0	9	17
2013年	3.1	2	1	3	4	5	15
2014年	3.4	0	4	4	3	11	22
2015年	2.63	3	1	5	3	4	16
2016年	3.84	4	0	4	1	7	16
2017年	4.63	3	2	3	0	10	18
2018年	5.75	1	1	0	0	4	6
2019年	4.85	2	0	1	2	2	7
2020年	3.59	3	1	2	0	5	11
2021年	4.85	3	1	1	0	5	10
2022年	4.55	6	0	1	0	3	10
2023年	5.3	2	0	1	1	6	10

最初に意思決定者に会ってから協賛拠出に至るまでの期間（社数）

・2014年はアップセル（増額）が7社と目立つ

・直近のアップセルは、長期にわたり信頼関係を築いたうえで、成績上昇
　や業績好転など何かのきっかけでいただけるパターンが多いことがわ
　かった

・たとえば過去5年（2019〜2023年）のアップセル企業6社の初めて出

第2章　スポンサーの獲得について

	アップセル	復活
～2009年	14	
2010～2014年	18	1
2015～2018年	11	4
2019～2023年	6	6

100万未満（小口）から100万円以上（大口）にアップセルした事例、スポンサーが一度離脱してから復活した事例

会ってからの年数は15、14、12、11、6、6年と非常に長く、平均でも10年以上となっている
・2015～2018年のアップセル11社においても、アップセルに至ったのは初めて出会ってから平均で4～5年
・復活したケースについては、個別に事情が異なる。感情的なしこりが解けた、業績が回復した、新たなメリットの提示、支社長が変わった、など。クラブに対する思いはある程度共通して持っていただけている

　違った角度からこの数字を見ると、アップセルの比率が低い、もっと言うとアップセルは難しいことがわかります。2010年から2023年まで合計35社ということは、2010年からの14年間の年平均は2.5社です。もちろん球団・クラブとしての努力を進め、増額の依頼はすべきですが、現実として他のクラブでも同じような事実はあるようです。金額アップは全難であり、最初の拠出金額がお互いにとって重要であると言えるかもしれません。

　アップセルとは関係ありませんが、私が全国を回り、各クラブのステークホルダーにお目にかかっていたとき、そして今でも時々言われるのが、「私の知り合いが某チームのスポンサーをしているんですけど、昇格した

95

らスポンサー料が上がるから困ると言っています」というものです。一緒にこの話を聞いた人は、びっくりします。

　クラブに身を置いていると、この本音は身につまされます。繰り返しますが、地元の企業が拠出する場合、価値があるからとか、ブランド力があるからといったケースももちろんあるでしょうが、トップカテゴリーでない場合、トップカテゴリーであってすら、その理由での拠出は少ないと感じます。先に挙げたような別の理由で、企業は拠出します。そしてそのために社内で話を通す労力は相当かかるため、チームが強かろうが弱かろうが、出せる金額を変えるのは難しい場合がほとんどです。下げたくはないし、かといって上げるために社内会議を通す難易度は高いのです。

　ここまでいろいろなクラブの数字を見てきましたが、昇格した場合は、結果としては、社内で無理を通して増額に応じてくださる場合が多いような気がします。逆に降格の際の減額幅は少ないという特徴もあります。

　また、「上がったら協賛を始めるよ」と言う企業からは、昇格したとしても協賛をもらえないケースが多いようです。

　どのカテゴリーに属するかは、「会える理由」とは関連があるのに対し、「拠出理由」との関係はそれほど高くないのかもしれません。

離脱した18の理由を分析する

8 企業がスポンサーを離脱する理由

　次に、一度は100万円以上の拠出があったものの、そのあとスポンサーを外れた企業がどのくらいあるか、データを見てみます。離脱時に、100万円未満のスポンサー（便宜上、「パートナー」と称します）として残留したケースも合わせて記します。

　少し話は逸れますが、「スポンサー」と「パートナー」の呼称については、球団やクラブによっていろいろな解釈があります。
　パートナーは「共に価値を創造していく同志」というように理解すべきでしょう。
　地方のクラブは、スポンサーを使う場合が多いです。地方には青年会議所（JC）、商工会議所、経営者協会、経済同友会、ロータリークラブ、ライオンズクラブといった経済団体があり、多くの企業トップが属しています。そのときに、自分をその団体に推薦してくれた方（1名でなく2名の場合もある）がスポンサーと呼ばれ、スポンサーの呼称は名誉あるものとなっています。特にJCは外国でも活動が活発で、スポンサーという呼称に対する概念は同じです。「自分を支えてくれている方」としての敬意が、スポンサーという呼称に込められています。
　ファジアーノ岡山がJリーグに昇格して数年経ったころ、「スポンサーの呼称をパートナーに変えたい」とお世話になっている方々に相談したことがありました。すると、「それはやめたほうがいい。無理をして大きなお金を出しているのに、（同等と見なし）リスペクトはないのかと、口には出さずとも違和感を覚える人もいるかもしれない」「スポンサーの呼称を気に入っている人はいるはず。実際、協賛社はクラブと共に歩んでいる

年度別離脱企業数

離脱年度 （その前年まで拠出）	離脱企業数	減額して残留
2009年	1	0
2010年	2	0
2011年	3	1
2012年	3	0
2013年	4	0
2014年	5	1
2015年	5	1
2016年	8	1
2017年	2	1
2018年	1	0
2019年	6	2
2020年	13	0
2021年	13	5
2022年	4	0
2023年	10	0

のだから、呼称を変えるよりクラブの行動で示しなさい」と言われました。

　では、離脱企業数について上の表で示します。

　離脱理由は、直接スポンサー企業に聞くことが難しく、離脱時の担当営業からのヒアリングのみになるため、精度が気になるところですが、右の

第2章　スポンサーの獲得について

離脱を探る　①離脱理由

以下の18の理由に分けられる

1	別の社会貢献活動に拠出	10	企業側の社長/トップ交代
2	もともと1年きりの特別予算だった	11	企業側の支社長/支店長/担当者交代
3	協賛している同業他社以上には払えない/払うつもりはない	12	買収された/岡山支社から中国支社に/中国支社から中四国支社に
4	他スポーツに同金額を出したほうが目立つ	13	親企業の離脱/撤退
5	クラブ役員の退社	14	広告予算がなくなった/クラブに出していた目的の予算の喪失/本社増築/工場新設/業務転換
6	クラブ担当者の交代	15	出してはみたがクラブに特段の情が湧かず
7	クラブ担当者との関係悪化	16	協賛効果を感じられなかった/本業におけるメリットが薄れた
8	クラブがアクティベーションに非協力的	17	業績悪化
9	意思決定者の増加に対応できず	18	グループ内の別企業による拠出

理由があがりました。1〜4は協賛企業の予算が限定的、5〜8がクラブの事情、9〜14が協賛企業側の内部の事情（業績以外）に分けられます。

以下に補足します。

● 1年きりの特別予算

会社創立の周年の年に特別予算をつける企業があり、その際に公式戦への冠協賛をいただく場合があります。ただ、その予算は周年時にしかつか

ないため、翌年にはなくなります。別の社内予算で続けていただくことができないと、離脱となります

●協賛している同業他社以上には払えない

同業他社が大きな協賛をした場合、それ以上に目立てないから協賛を降りる、と言われるケースです。同じ金額で並びたいと言われるより、並ぶのを嫌がるケースのほうが多いと感じます。

●他スポーツに同金額を出したほうが目立つ

上の理由に似ています。現在、スポーツチームは同一地域内や同一県内に数多くあり、スポンサー獲得においてはそれら他のスポーツチームが競合となります。

地元からは「スポーツチームで同じ名前をつけてほしい」とか、「スポーツチーム同士は仲よく」といったことが求められます。私はこの考えに賛成です。一方で、その意思はクラブ・球団には十分にあり、協力は惜しまないものの、やはりお客様を取り合う競合という側面は多分にあります。競合がひしめくなかでのライバル意識こそが、各球団・クラブを育てる原動力にもなっていると感じます。また、クラブ・球団を長年にわたって支えてきたファンは、名前が変わることを望まないでしょう。よって、実は簡単ではない話です。よくあるのが、同じ商材なら安いほうの球団に出す、営業スタッフが熱心でないから別のクラブに出す、同業他社がより大手のスポンサーになったので別のクラブを応援する、というものです。

●クラブがアクティベーションに非協力的

クラブのスタッフ数だと営業担当およびアクティベーションに対応できる人数がどうしても限定的になることから、アクティベーションやイベントへの協力度合いは、クラブごとにあらかじめルールを決めています。

ただし、協賛した側からすると、「ここまで出したのだから、もっとやっ

てよ」と思うケースが存在します。よくあるのが、選手によるイベント協力です。選手との契約については、まず統一契約書を結びます。これは主にピッチ上および広報活動に関する契約内容で、クラブの営業活動に対しては、別に覚書等を結ぶことになります。それらを超えた役務についてクラブ側が対応するのは難しく、説明を尽くしたとしても協賛先をがっかりさせることがあります。

● 意思決定者の増加に対応できず

　ナショナル企業の中国支店や中四国支店に多い話です。意思決定がこれまで岡山支社だけだったのが、中四国の本拠がある広島支店でまとめて広告宣伝費を扱うことになり、意思決定者が増え、広島支店長には理解をいただけても他の方にまで接触ができなかったり、なぜ岡山にだけ、という理由が立たなかったりするケースです。

● 親企業の離脱／撤退

　親企業が拠出していた場合、こちらからお願いしてその関係企業や子会社からも拠出をいただく場合があります。親企業側が何らかの形でスポンサーを降りた場合、それでも続けていただけるケースもあれば、離脱せざるを得ないケースもあります。

● クラブに特段の愛情が湧かなかった

　紹介を受けて協賛が始まった企業に起こりがちです。紹介元との人間関係や信頼のお陰で協賛をいただけたものの、紹介先自身はそれほど熱が入らなかった、あるいは社員や取引先から十分に賛同を得られなかったような場合です。

● グループ内の別企業による拠出

　これはトータルで減額にならない場合もあれば、減額になる場合もあり

101

ます。例えば、関連企業 3 社から総額500万円いただいていたのが、協賛
は本社でまとめることになり総額300万円になった、というものです。

　では、実際どの理由が多かったのでしょうか。

　たとえがよくないかもしれませんが、本件は、退職する社員が所属会社
に本当の退職理由を述べるかどうか（述べない可能性がある）に、少し似
ているところがあるように感じます。本来、離脱理由は第三者がインタ
ビューを通してヒアリングすることで正しい結果が得られるものなので、
別の機会に取り上げたいと考えています。ただし、ファクトとしてはある
程度、参考になると考えます。

　企業にとって業績の浮沈があるのは常ですが、ボーナスが払えない状態

		離脱を探る　②離脱理由比率
		特に多かった理由
1位	27%	業績悪化
2位	15%	クラブに特段の愛情が湧かず
3位	8%	支社長交代/担当者交代 （いずれもナショナル企業）
4位	7%	社長/トップ交代
4位	7%	買収された/ 岡山支社が中国支社に変わった
6位	5%	協賛効果を感じられなかった/ 本業におけるメリットが薄れた
7位	4%	クラブ側の担当者交代
7位	4%	クラブがアクティベーションに 非協力的

になってまで協賛を続けるのは、やはり厳しいはずです。リーマンショックやコロナの影響で、業界全体が厳しくなったこともありました。

　私の経験では、「クラブに特段の愛情が湧かない」という理由が現実的には多いような気がします。試合に来てくださらない、以前は来ていたのに来なくなった、アポが取りづらくなった、は黄色信号です。

　営業責任者や経営陣は担当者の日報に目を光らせ、担当者が気づかないようなサイン（たとえばアポの頻度やアポの所要時間、会話内容）まで見ておくよう、クラブでは徹底していました。黄色信号が出てから素早く動いたことで、挽回できたケースもあります。

　一方で、どうしても興味を持っていただけない場合もありました。営業スタッフの力量なのか、その会社や経営者の特有の理由なのか――。

　今回表に示していませんが、最終の意思決定者に会えていない、最終の意思決定者に会えなくなったりアポが取りづらくなった、会話内容に危険信号が出ているのに放置した――これらのケースでは、ほぼ離脱につながっています。黄色信号が出たときは、球団・クラブ側のトップの出番で、お目にかかったうえで何が足りていないかをお聞きし、組織として誠実に向き合う必要があります。

　クラブ側の役員や担当者の交代について。組織としては離脱のリスクを避けるためには担当者を変えないほうが楽です。しかし、その担当者だから協賛をもらえているのか、球団やクラブが持つ価値に協賛いただいているのかがわかりません。

　また、担当交代がないとスタッフの考課やモチベーションに大きな影響を与えますし、何より組織の成長を阻害する可能性があります。

　既存協賛社に感謝の気持ちを持ちつつ、担当歴の長い社員は新しい協賛獲得に時間を割く必要が生まれる場合もあれば、担当者が退社する場合もあるので、ずっと同じ担当者で続けることは難しいとも言えます。

ビジネスを進めるうえでは、後任の者が前任者と同じくらいのクオリティを持っていることが鉄則と言われますが、簡単なことではないのも事実でしょう。

　アクティベーションには、選手の稼働が必要なものとそうでないものがあります。例えば岡山は、「選手は連れていけませんが、スタッフは汗をかきます」というスタンスで営業してきました。しかしそれにもスタッフの時間的あるいは人数的な限界があります。

　選手稼働は、プロ化を進める過程で避けて通れない難問です。選手が協力的であっても、時間の制約上、すべての要望には応えられませんし、一概には言えませんが、外国人監督は選手のアクティベーションを嫌がるという話も耳にします。

　クラブとしては、どの企業団体に対しても説明できる公正なルールを定めておくことが大事で、できることとできないことを丁寧に説明する必要があります。

　そうは言っても、自分たちを特別扱いしないことに対して叱られたり呆れられたりすることは少なくなく、特に黎明期には叱られたことは数知れません。

離脱企業の拠出決定までの期間は短い

9 離脱企業の特徴

次に、データ上から離脱企業の特徴がつかめないか調べてみました。

まず、BtoB企業のほうが離脱率が低いのではないかという仮説を立てました。

岡山県内における売上高別の比率は次ページのようになっています。

BtoCの企業からの協賛比率が高くなっています。BtoC企業は広告宣伝費における費用対効果を厳しくチェックするので、この比率は個人的に意外な結果でした。

次に、離脱企業に特徴があるかを調べました。

協賛企業比率と離脱企業比率の差がほとんど一緒でした。BtoC企業は、協賛比率も高いが離脱比率も高いという結果です。

少し補足をすると、売上規模が上がるとBtoC企業と複合企業の比率が増えます。このあと紹介する「接触率」からも見てとれるように、売上が高い企業への接触率は高く、BtoC企業にはかなり接触できていることがわかります。また、協賛企業の比率から見てもBtoC企業からの拠出比率が高いです。

BtoB企業に関しては、全体企業数に比べて協賛比率は低いものの、協賛社の絶対数は多いので、BtoB企業を苦手としているわけではないと言えるでしょう。

次に、同族系企業のほうがトップ交代の頻度が低いので離脱率も低い、

離脱を探る　③BtoB BtoC の傾向（％）

	BtoB	BtoC	BtoB＆BtoC（複合企業）
売上30億円以上企業比率	71	21	8
売上20億円以上企業比率	77	17	6
売上10億円以上企業比率	83	13	4
これまでの全協賛企業比率	49	42	9

	BtoB	BtoC	BtoB＆BtoC（複合企業）
これまでの全協賛企業比率	49	42	9
離脱企業比率	50	41	9
継続企業比率	49	42.5	8.5

第2章　スポンサーの獲得について

本社所在地がホームタウンがある県内にあるほうが離脱率が低い、非上場企業のほうが株主に対する説明が比較的少なくて済むため離脱率が低いのではないかという仮説について調べてみました。

　協賛企業比率と離脱企業比率を比較すると、若干ではありますが、非同族、非岡山、上場のほうが離脱傾向が高いという結果が出ています。

　他には、以下のファクトが出てきました。

・離脱企業は、知り合ってから拠出までの期間が比較的短い。平均2.3年。紹介で決まった場合が多い
・完全離脱の場合、そのあとに訪問できなくなっているケースが多い。減額でも継続して協賛している場合、訪問できている。200万円から5万円への大幅減額の場合、その後も5万円が続くかもしれないことから、クラブとしては0円にしていただいて再度200万円への復活を希望する場合もあったが、そのまま会えなくなっている

　最後に、接触率（訪問できている企業の比率）のデータを見てみます（次ページ下段）。

　「接触離脱」とは、以前は会えていたが、今は会ってもらえていない状態を指します。売上が大きくても、業態的に協賛可能性がほぼゼロであるケースもあるため、70％の接触率は、「会いたい企業にはほぼ会えている」ことを示しています。

　表は売上50億円未満の企業に、接触余地があることを示しています。

▶協賛をめぐる近年の傾向

　東京オリンピックで、流れが変わったと感じています。

　オリンピックに協賛した多くの上場企業から、決して喜んで協賛したわけではないことを、耳にしていました。ただ、オリンピックでスポーツの

107

離脱を探る　④同族系、本社所在地、上場（比率）

	同族：非同族	岡山：非岡山	上場：非上場
協賛全企業 比率	79：21	88：12	11：89
離脱企業 比率	68：32	80：20	16：84

協賛率と接触率（岡山市限定）

売上高	協賛率	現在接触率	接触離脱率
100億円以上	65%	72%	8.3%
50億円以上	56.5%	69.5%	8.6%
30億円以上	38%	42%	22%
20億円以上	28%	30%	20%
10億円以上	23.4%	28.7%	2.1%

価値に気づき、オリンピック開催後もスポーツの大会や団体に協賛したいというニーズは強まっています。また、スポーツに協賛することの意味や、協賛して良かったという話や美談をメディアを通じてよく見るようにもなり、拠出への抵抗が減っていると感じます。

　感覚的な話になりますが、私がスポーツ界に入った頃、もう少し直近でいうと東京オリンピックが決まった2013年前後に比べ、協賛に関する企業の抵抗感や意識は随分変わってきました。これは上場／非上場、東京／地方に限らず、全体的な傾向かと思います。

　他方、別の傾向も出てきています。

　円安の影響か、日本の上場株を購入する外国のファンドが増えています。もともと外国人の日本株保有比率は高いのですが、最近は外国のアクティビスト※が増えています。私が個別に聞いているだけでも、アクティビスト系のファンドは、企業がチームを保有して多額のサポートをすることや、チームに多額の協賛をすることに対して厳しい見方をします。本書の最終章で親企業の推定拠出金額について検証しますが、今後、上場企業に対して指摘が強まる可能性があります。

　欧米のプロスポーツでは企業が球団やクラブを保有するケースは稀ですし、スポンサー収入も一部のハイエンドなクラブ・球団を除くと、Ｊ１のスポンサー料とそれほど変わらない現実があります。

※アクティビスト：株式を一定割合取得し、投資先企業の経営陣に積極的に提言を行う投資家のこと

第  章

グッズ販売について

グッズからクラブが得られる利益は多くない

スポーツビジネスの グッズ販売における盲点

　ネームバリューのある選手を獲得した際に、「○○選手の獲得は、もし活躍できなかったとしても、グッズ販売にプラスになるだろう」といった記事を見かけることがあります。人気選手の獲得により、グッズの売上が増えるのはたしかでしょう。しかし、そのうちの何％がクラブの利益になっているのでしょうか。

　スポーツチームのグッズ販売（マーチャンダイジング：以下MD）については、国内スポーツの4大収入の1つと言われながら内実が取り上げられることは少なく、ここで可能な限り示したいと考えます。

　結論から言うと、NPBの一部を除くと、**グッズの営業利益が黒字になっているクラブや球団はほとんどない**と思われます。要は、売れば売るほど赤字になっていきます。そして、それを経営陣自身がわかっていないケースが多いのです。

　例えば、私が専務理事の時代にこんなことがありました。ある会議で、大手クラブの社長から「グッズ売上が○○億円を超えました！」との発言があり、「営業利益率は何％ですか」と尋ねたところ、翌日、「赤字でした。びっくりしました……」という電話をいただいたのです。

　同じMDでも、アパレルメーカーやスポーツメーカーと異なり、スポーツチームが自分たちで製造することはありません。川上をおさえていないわけです。また、売上は商品ではなくチームの人気に依存する度合が高く、生産力や商品開発力に依存するモデルではありません。

　売上に対する費用には、次の①～⑧があります。
①原価　②ネット販売経費　③人件費　④棄却費　⑤送料　⑥販売手数

料　⑦倉庫代　⑧宣伝費

　オーセンティックユニフォーム（厳密には意味が異なるものの、一般には
レプリカユニフォームと呼ばれる）の販売を例に挙げます。

売値：18,000円
仕入枚数：2,100枚
販売枚数：2,000枚
売上高：18,000円×2,000枚＝3,600万円

以下、販売済みの商品に対する割合で考え、一般的なコストを示します。
ある程度簡略化していることはご容赦ください。

①、②はほぼ固定で、①＝60％、②＝15〜25％。原価は10,800円、ネッ
　ト販売経費は2,700〜4,500円。
③の人件費はネット販売を委託することでかなり削減できますが、商品
　チェック等は自前でする必要があるため、最低限の人件費は必要で
　す。特に開幕前の11〜2月に工数が集中するため、3ヶ月間、社員
　2名がフル稼働と仮定します。社員1名の年間総支給額（給与＋社会
　保険会社負担分等）を450万円とすると、450万円×25％（3ヶ月分）
　×2名＝225万円。225万円÷3,600万円＝約6％
④は棄却枚数が2,100枚−2,000枚＝100枚になるため、原価10,800円×
　100枚＝108万円　108万円÷3,600万円＝3％

①〜④で、84〜94％。
➡⑤〜⑧を6〜16％に抑え込まなければ、営業黒字にはならない。

　少しからくりがおわかりいただけたでしょうか。

もし、グッズがめでたく売り切れとなり、ファンの要望に応えるために
追加注文するとなると、難易度はさらに上がります。メーカー側はまと
まった生地量を求めるため、追加販売を開始すると再び売れ残りのリスク
が発生するからです。例えば、最低発注枚数が500枚の場合に、200枚し
か追加販売できず300枚が棄却となったら、10,800円×300＝324万円の赤
字が発生し、**ギリギリ得た営業利益が吹き飛ぶ**ことになります。

　「売り切れました」「よかった！」「追加発注しましょう！」で進めていい
のか、常に問われるのです。

▶ユニフォーム以外のグッズの原価

　プロスポーツチームの場合、競技を問わず、ユニフォームはグッズ販売
総金額の30〜50％を占める、ダントツ商品です。

　次に大きいのがＴシャツを含むシャツ類、その次がタオルマフラーで
す。野球では、その次にキャップが続くことが多いです。

　ユニフォーム以外のグッズを例にとります。

　売価を100％とすると、多くの場合、原価率はユニフォームより低い45
〜55％です。後述しますが、サッカーではユニフォームの原価率60％は
ほぼ固定されているのに対し、ユニフォーム以外は少しでも購買者の負担
を減らしたいという球団・クラブの思いが投影され、原価率が下がります。

　他方、ユニフォームは販売枚数が比較的読みやすいのに対し、他のグッ
ズは売れ行きが読みづらい傾向があります。特に限定販売物は、売れ残る
とユニフォームと同じく当該年度末に棄却となるため、注意が必要です。

　黒字にする努力は当然としても、グッズは営業利益率が低いものと理解
し、**何のためにグッズを販売するのか**を最初から、あるいは折に触れて組
織として考えるべきではないでしょうか。

第3章　グッズ販売について

▶ユニフォームの原価

　これから球団・クラブを経営する皆さんから最も多くいただく質問が、ユニフォームの原価率です。「メーカーの原価を下げるべきでは？」といった趣旨のご質問です。

　残念ながら、サッカーの場合、**スポーツメーカーとの交渉の余地はほぼありません。**

　最低３年、多くの場合10年以上にわたり、クラブは特定のスポーツメーカーと専属契約を結びます。専属契約の内容は、選手のユニフォーム・練習着・イクイップメント（練習で使う用具や備品）の無償サプライ、およびフォローアップになります。人気クラブだと、それに加えてスポンサー料までもらいます。

　スポーツメーカーからすると、有名クラブの選手が着用しているという事実が広告宣伝になるものの、クラブへの無償サプライやスポンサー金額の判断基準は、ユニフォームの販売金額になります。要は、ユニフォームの儲けをクラブに還元するわけです。

　メーカー側の儲けは、クラブへの卸金額とメーカー側の製造原価との差額で、ユニフォームの利益と等しくなる金額が無償サプライ金額やスポンサー料となります。

　よって、値引き交渉が成立したとしても、無償サプライ分が減るだけの話になってしまいます。

115

原価、棄却損、人件費、ネット販売手数料…等

2 認識しておくべき主なコスト

　主な費用について、もう少し詳しく見てみましょう。

● 原価率

　前述したように、原価はユニフォームで55～60％、他のアイテムで45～55％です。ユニフォームの販売数はある程度見通しが立つものの、生地の手配のため、どれだけ遅くても開幕日の4～5ヶ月前に発注しなければなりません。これはほとんどのスポーツメーカーにおいて同じで、1年前に発注を求めるメーカーさえあります。

　できるだけ原価を下げようとする双方の努力と言えるのですが、球団・クラブ側からすると、最低発注単位枚数がそれなりに大きく、人気選手の入退団は販売枚数に影響を与えるため、在庫リスクはそれなりに発生します。

● 値下げ損・棄却損

　ユニフォームのように1年ごとに在庫整理が必要なアイテムは、棄却損が発生しやすくなります。値下げしても売値が原価を割り込まなければ、粗利益が赤字にならないため、福袋等で売ることをまず考えます。

　原価が10,800円で3,000枚を販売する予定だったとします。2,550枚販売できて、450枚（15％）が売れ残ったとすると、原価で福袋に50枚入れたとしても、残りの400枚＝416万円の赤字が決定します。

　プレゼントに回して在庫処分は不要になったとしても、売上が立たないため、損益計算上はそのまま416万円の赤字＝棄却損となります。

第3章　グッズ販売について

● 人件費

　ネット販売を開始したとしても、棚卸や商品チェック等の手作業は残るため、一定程度の人件費はかかります。

● ネット販売手数料

　グッズはこのように利益率が低く、NPB以外の種目はボリュームも少ないため、製造や販売委託を依頼できる取引先は多いものの、ライセンス契約やネット販売をお願いできる取引先となると、多くはありません。見つかったとしても、長続きしない可能性があります。

　よって、ネット販売については、多少料率が高くても統括団体で契約するケースもあれば、統括団体で共通のシステム基盤を構築することで、顧客ごとにチケットやグッズの購入履歴を追跡できるようにするケースもあります。統括団体やクラブとしては、思案のしどころになります。

● その他

　他にWebの維持費、送料、倉庫代等があります。

▶ 人件費についての補足

　人件費について、少し補足します。厳密に言うと、人件費というより、社員１人当たりのパフォーマンスをどう考えるかについてです。

　１人が１日いくら稼ぐべきかという議論を、社内でされたことはあるでしょうか。一般の事業会社ではよくある会話かと思います。

　売上10億円、社員20名（うち事業本部10名）、入場料収入1.5億円、グッズ収入１億円のクラブがあるとしましょう。営業日は250日とします。

① 10億÷20名＝１人当たりの売上が年間5,000万必要になります。

② 5,000万÷250日＝20万。１人当たりの１日売上は20万円必要。稼ぐの

117

が事業本部だとすると、事業本部1人当たりの1日売上は40万円必要。

③ ホームゲームおよびその前後は営業活動ができないので、ホームゲームを除いて考えることもあります。その場合、ホームゲーム売上（＝入場料収入＋グッズ収入の50％）は全体売上から外します。ホームゲーム20試合および前後も含め年間稼働日は250－40＝210日となり、10億（年間売上）－7,500万（年間入場料収入）－5,000万（年間グッズ収入の50％）＝8.75億。※8.75億÷210日÷20＝約20万。

④ いずれの場合でも、社員1人当たり1日売上が20万円、事業本部に絞ると40万円が必要、という計算になります。

　厳密には営業利益率で考えるべきかもしれませんが、上記の考え方はグッズ販売の際、常に参考にしていました。このあと再び同様の話が出てきます。

【グッズ販売で押さえておくべき用語】

SKU（stock keeping unit）

　最小の管理単位。アイテムよりも小さな単位。同じアイテムでも、サイズやカラーが分かれるとそれぞれ1SKUとなる。レプリカユニフォームで大人LL、L、M、S、子ども150センチ、140センチで、カラーがホーム・アウェイのそれぞれ2種類ある場合、6×2＝12SKUと数える。在庫管理に役立つが、それ以上に自クラブとしての適切なSKUが定まっているかが重要。岡山は過去10年間だいたい300前後となっている。

在庫率

　売れ残り率。極端な例として、レプリカユニフォームが売上の40％の場合、他のすべてのグッズが売れず在庫になったとしたら、在庫率は60％となる。クラブや球団として適切な在庫率を定め、モニタリング・改善していくことが求められる。

回転率

在庫回転率。商品の耐久性を考えると一概には言えないが、２年をメドとすべきと思われる。

粗利益と営業利益

売上－商品原価＝粗利益

売上－（商品原価＋一般販売管理費）＝営業利益

ネットとグロス

通常は仕入金額や販売金額のグロスで計上する。他方、前述のライセンス契約型や販売外部委託の場合、手数料のみを計上する場合がある。これをネットと呼ぶ。フーズに関しては多くの場合ネットで計上している。

展示会

同一アイテムに関しては規模の経済が働くことを考え、例えば売れ筋のTシャツやタオルマフラーのような特定の商品については、中央統括団体が仕入れを行い、展示会を開催し、参加球団・クラブから注文を受けるシステムがある（Jリーグでは2023年まで導入されていた）。グッズは売上高が大きい割に利益率が低いため、展示会の開催が重要な判断となり、発展段階に応じた統括団体の判断が重要になる。黎明期は統括団体のサポートが必要かもしれず、クラブの売上差が大きくなってくると解放したほうがいいかもしれない。

ロイヤリティ

売上高に対する固定料率。

ライセンスアウト

製造販売をすべて委託し、ロイヤリティだけを得る。

製造・販売形態は在庫リスクの大小によって分かれる

3 グッズ製造・販売の一般的な形態

次に、グッズ製造・販売の一般的な形態を示します。

右の図の右側に行くほど、球団・クラブ側の工数が減ります。

販売委託については、在庫リスクをクラブがとる場合は委託料は低めで、クラブがとらない場合、委託料は高めになります。

「販売金額」と「黒字金額」は比例関係にないため（売れただけ黒字になるわけではない）、スタジアムにおける販売人数が限られているという理由で販売委託を選択することは、中小クラブにとっては注意が必要でしょう。

また、NPBの半分近い球団がライセンス販売にしているのは、それだけグッズ販売は物販に精通したメンバーでなければ難しいということを意味しているのかもしれません。

いま一度、勘定科目のうち、グッズ販売にかかる経費をすべて取り出し、営業利益が出ているかどうかを調べてみてください。もし黒字スレスレか赤字の場合は、どこをテコ入れするか。販売委託は、販売量を増やすために外部に販売を委託する形態で、さらにライセンス契約は、すべて委託し在庫リスクをクラブが一切負わない形態となります。

「顧客満足度を高めるためには自分たちでやらねば」という考えもあるかもしれませんが、意識の高い球団・クラブは、ブランドマネジメントやVI（ビジュアルアイデンティティ）コントロールの徹底、コスト管理に優先順位を置いています。自分たちですべきことの優先順位を整理することなく、「こういう商品がおもしろい」という方向に社内の会話が偏ることは、できれば避けたいところです。

第3章　グッズ販売について

グッズ製造・販売の３つの形態		
A：内製型 ＝最も一般的 売上高（100％）に対するコストは、 ア：原価 　（コスト：50〜55％） イ：人件費 　（コスト：10〜15％） ウ：保管料・送料 　（コスト：5〜10％） エ：値引・廃棄損 　（コスト：2〜10％）	**B：販売外部委託型** ＝売り切るための方策 以下のパターンが考えられる いずれも在庫リスクは残る ①：Web販売 　（コスト：25％） ②：提携店舗販売 　（コスト：15〜20％） ③：販売委託 　（コスト：20〜25％）	**C：ライセンス契約型** ＝赤字リスクを取らない ・Aのア〜エ、Bの①〜③をすべて外部委託することを指す ・製造と販売の権利を売り、在庫リスクも取らずロイヤリティだけを得る

　NPBにおいても他のスポーツにおいても、**販売金額を左右する最重要ファクターは観客動員数**であり、新規層とリピーターをいかにして増やすかは、グッズ販売にとっても重要と言えます。

　なお、欧州サッカーにおける収入源は、国内外の放映権・大会出場権料・スポンサー・入場料の４つと言われています。グッズ収入はマッチデーインカム（スタジアムにおける収入：入場料、グッズ、フーズ等）の１つではあるものの、収入源としては重要視されていません。

　米国でも、４大メジャースポーツはほぼライセンスアウトしており、個人的な印象では、ショップでワクワクするような経験はできませんでした。

　むしろNPBでグッズの製造・販売を自前で進めている球団は営業利益率が高く、商品企画や戦略機能が充実しており、学ぶことが多いような気がしています。

　経営者は、グッズの売上高だけについて話すのではなく、利益率やそれ以外に目を配らねばなりません。

121

5つの販売形態の特徴

4 その他の販売形態

▶Web販売

　Web販売は、スタジアム以外で売るための有力手段です。ただし、どこまで委ねるか、コストをどこまで抑えられるか。右に、顧客とクラブそれぞれのメリットを挙げています。なお、試合数の多いNPBはWeb販売比率が低く、サッカーは比較的高くなっています。

▶自前店舗

　試合日以外の売上高や利益率がポイントです。賃貸料と人件費が圧迫してコスト負けするケースが少なからずあり、賃貸料を考えると、首都圏より地方のほうが成果を出しやすいです。ただし、ショップが存在すること自体に宣伝効果があるので、経営全体に与えるインパクトを見て判断するといいでしょう。なお、商品の輸送に人件費がかかるので、立地は倉庫と近いに越したことはありません。

▶提携店舗

　提携店舗が買い取ってくれれば、オーダー販売と同じく営業利益が確定します。ただし、買い取ってくれない場合がほとんどでしょう。

　在庫リスクもありますが、店舗への商品輸送コスト（人件費）も大きく、営業赤字が出やすいと言えます。特に、関係の深いステークホルダーから「グッズを置いてあげるよ」とお声がけいただくケースがあり、ありがたい話ではあるものの、赤字の可能性が濃厚なためお断りして角が立つ場合もあります。

　自前店舗と同じく、駅や空港、人通りの多い店舗で商品を陳列してもら

第3章　グッズ販売について

Web販売における顧客とクラブのメリット	
顧客のメリット	**クラブのメリット**
□購入機会の増加	□販売機会の増加
□決済手段の増加	□サイト改善コスト削減
□ポイント取得と利用	□EC物流業務工数の削減
	□顧客情報の取得
	□統括団体で統一した共通基盤がある場合、顧客ごとのCRM分析がしやすい

えると、宣伝効果が期待できるというメリットがあります。かつてＪリーグは統括機構として「提携店舗は10ヶ所以内」とルールを定めていました。これは、NPB以外のリーグにおいて、現時点では賢明な対応に思えます。

▶出前販売

　出前販売は、提携店舗と同じく地域や企業から依頼を受けることが多い形態です。依頼先との関係性から断りづらく、宣伝にはなるものの、黎明期はスタッフ数が少ないため、効率から考えるとお断りしたく、難しい判断を迫られます。

　グッズを販売するには小さなブースが必要で、持ち運びも考えると２名の稼働が必要です。準備・片付け・移動・在庫チェックで丸１日費やすと仮定し、前述の１人当たりパフォーマンスを考えると、売上10億円で従業員が20名のクラブでは１日80万円の売上が求められます。タオルマフラーとＴシャツの単価が2,000円とするなら、400枚販売する必要があります。

　一方で、黎明期には知名度を上げる必要があり、夏祭りやパーティー会場、商業施設等にブースを出し、スタッフと会話することで初めてクラブ

123

や球団と接するお客様も多いでしょう。また、データはありませんが、お酒の席ではよくグッズが売れます。

▶オーダー販売

在庫リスクがほとんどなく、営業黒字が期待できます。また、チームと企業のコラボ商品のように、購入者が企業や団体の場合、ある程度まとまった金額になるのに加え、ギブアウェイで社内外で配っていただくことが新規層の開拓につながる可能性があります。よって、提携店舗や出前販売に比べ、オーダー販売のほうが黎明期のクラブにとってはありがたいと言えます。

以上のように、あくまで利益率で考えると、**オーダー販売がありがたく、出前販売は厳しい、提携店舗は少ないほうがいい**ということになります。

NPBの球団になると、首都圏と地方の違いは多少あるのでしょうが、これらにはいずれも消極的と聞きます。しかし黎明期の小クラブの場合は、都度、判断することが大事であると思われます。

第3章　グッズ販売について

販売形態のまとめ

	形態	メリット	デメリット	コスト	販売ボリューム	難易度
主	内製			高	中	中
	ライセンス販売	赤字にならない	提携先が見つからない、契約解除される	低	中〜大	高
	委託販売	販売工数の削減	在庫リスク	高	大	低
補助	Web	販売機会の増加、顧客情報の取得、物流業務工数の削減	料率が高い	高	大	低
	スタジアム	単位時間当たり販売量が多い	スタジアムが自前でないと物流工数がかかる	高	大	低
	自前店舗	宣伝効果	販売好調日が限定される（賃料負けリスク）	中	中	中
	提携店舗	宣伝効果	在庫リスク、商品輸送コスト	中	小	低
	出前販売	顧客発掘	営業赤字になりやすい	高	小	低
	オーダー販売	在庫リスクがほとんどない	ロットが小さい場合が多い	低	小	低

125

5 同じ物販である フーズ販売との比較

フーズを内製化している競技はほぼない

　中小の球団・クラブはグッズをライセンスアウトするにも相手を探すのが難しく、消去法的に内製化することになります。売上を上げるには在庫を仕入れる必要があるため、在庫リスク、細かく言うと棄却リスクと値引リスクが常に存在します。

　ユニフォームの例で説明したように、追加販売の場合、注文販売やオーダー販売でない限り、売上高に比例して利益が増えるわけではありません。製造元は当然のことながら最低発注ロットを要求します。予定した売上に対し、いかに売り切るかが現実として問われる難しさがあります。

　それに比べ、フーズを内製化しているケースは、NPBの一部を除いてほとんどありません。場所の貸出に伴う固定の委託料か、ロイヤリティをいただくケースがほとんどです。よって、ネット収入（正味の収入）となるケースが多いです。その場合、赤字になるリスクは少なく、ロイヤリティの場合、売上が増えると利益も増えます。

　自治体保有のスタジアムやアリーナを使用する場合、飲食販売において、多くは既存の組合団体が存在します。こちらが集客をしたのにフリーライドされていると不満に思う気持ちもあるかもしれませんが、組合側からすると、閑古鳥が鳴いているような大会や試合でも出店を義務付けられている分、集客が見込まれる試合は稼ぎどきとなります。

　飲食店組合が存在する場合にクラブが独自に店舗を出すとなると、主にスタジアムやアリーナの外になります。また、スタジアムやアリーナ内で

火気の使用が禁じられている場合も、同様に外で出店することになります。露店を出すかキッチンカーを出すかは、クラブや協力店舗との協議になります。

▶ファン・サポーターがフーズを購入する理由

サンフレッチェ広島と東京大学が2023年の最終戦でフーズ購入に関する調査を実施しました。アンケート回答数3,663名のうち、スタジアム敷地内のフーズを購入した比率は43%でした。その理由として最も多かったのが「クラブの売上に貢献したいから」であり、利用者の49%を占めました。飲食とグッズの違いはあれど、グッズ購入者も同様に「クラブに貢献したい」と考えている可能性は高いと思われます。

Ｊリーグが公表している物販売上高は、「グッズ＋フーズの合計」です。フーズはネットで計上するのに対し、グッズはグロスで計上するのが一般的で、物販売上高としてはグッズの比率が相当高くなります。

ただ、ここまでの説明でおわかりのように、「クラブのために」というファン・サポーターの思いが具現化されるか否かという点では、現状ではフーズ購入に軍配が上がります。クラブが損をしない仕組みがおおむねできているからです。

フーズのロイヤリティはクラブとの契約によりますが、売上高の5～10%が一般的です。なお、クラブの歴史が長くなると、飲食組合がクラブに対して年間決まった金額、あるいは売上高に対する一定料率を支払うケースが出てきます。お互いによい関係を作ることが求められます。

Web販売の一般化によってグッズ売上が伸びている

物販売上と入場者数・入場料収入の関係

次は、グッズの売上高と入場者数や入場料収入との関係を見てみます。

コロナ期を除いて入場者数との相関係数を分析すると、
① 2016〜2019年：0.901
② 2016〜2019＆2023年：0.936
と明確な相関関係があります（2023年はアフターコロナと見て計算に加えた）。

同様に、コロナ期を除いて入場料収入との相関係数を計算すると、
① 2016〜2019年：0.805
② 2016〜2019＆2023年：0.925
とこちらも明確に相関関係がありました。

グッズ売上も入場料収入もコロナ期に落ち込んではいるものの、入場料収入の落ち込みに比べると、グッズ収入の落ち込みは少なく済んでいます。2022年には、グッズ収入は過去最高の2019年を上回りました。Web販売が一般化して出かけずとも買えるようになり、「現地には行けなくてもクラブを応援したい」というファン・サポーターの行動の現われであると想像できます。

以上のように、入場者数や入場料収入とグッズ販売金額の相関は、非常に高いと言えます。

次に、2023年のＪ１クラブの入場者１人当たりのグッズ購入額（物販

第3章　グッズ販売について

物販売上と入場者数（全クラブ合計）

	物販売上	入場者数
2023年	143億9,100万円	1,096万5,170人
2022年	110億600万円	802万5,311人
2021年	101億4,900万円	503万4,064人
2020年	91億200万円	361万4,044人
2019年	103億5,900万円	1,039万7,482人
2018年	99億500万円	976万1,808人
2017年	86億900万円	970万4,024人
2016年	78億6,700万円	914万2,226人

物販売上と入場料収入（全クラブ合計）

	物販売上	入場料収入
2023年	143億9,100万円	238億2,900万円
2022年	110億600万円	174億5,200万円
2021年	101億4,900万円	116億8,800万円
2020年	91億200万円	84億2,600万円
2019年	103億5,900万円	215億8,100万円
2018年	99億500万円	192億5,100万円
2017年	86億900万円	193億1,900万円
2016年	78億6,700万円	183億4,100万円

129

売上高合計を総入場者数で割った数字）および、グッズ収入／入場料収入の一覧を示します（右ページ）。

　Ｊリーグが公表している物販売上にはフーズ売上も含まれる場合がありますが、含まれる場合もほぼネット売上であること、グッズと比べた売上高が低いことを考え、物販売上高をそのまま用いて計算しています。

　1人当たりの年間グッズ購入額は、高ければいいというわけではなく、単なる参考です。ユニフォームの販売枚数は公表されていないため、ユニフォーム着用比率に対し、ある程度の参考になるかもしれません。

　グッズ収入と入場者数比率も、高ければいいとか低ければいいというわけではなく、各クラブの違いが参考になるかと思います。クラブごとに特徴が出ているように感じます。

　また、金額の低い柏、湘南、京都、セレッソ大阪は、ライセンスアウトしている可能性があります。

第3章　グッズ販売について

J1クラブの入場者1人当たりのグッズ購入額

	入場者1人当たりの グッズ年間購入額 （単位：円）	グッズ収入/ 入場料収入
札幌	1,707	60%
鹿島	2,384	74%
浦和	3,052	73%
柏	58	2%
FC東京	1,220	50%
川崎	2,819	75%
横浜FM	2,640	82%
横浜FC	1,514	44%
湘南	429	18%
新潟	1,603	74%
名古屋	1,355	51%
京都	546	20%
G大阪	1,458	59%
C大阪	775	25%
神戸	2,167	62%
広島	1,499	65%
福岡	1,596	42%
鳥栖	1,299	36%

原価等コストの急上昇が利益を圧迫

7 販売チャネルの変化と営業利益率

次に、グッズの販売チャネルと営業利益率について見ていきましょう。

▶Web販売の大幅増加

ファジアーノ岡山の販売チャネルの構成比は右の通りです。2016年と2022年を比べると、Web販売が21%から34%へと大幅に増加しているのがわかります。先ほど説明したように、コロナ期にネット購入が飛躍的に伸びました。

▶原価と販管費が上昇した理由

一方、営業利益は2016年の18%から、2022年には−0.4%へと赤字に転落しています。原価と販売費販管費が急激に増加したためです。翌2023年から回復していますが、原価と販売費販管費が上昇したのは、次の理由からです。

①展示会の終了により原価が上昇

展示会とは、Tシャツやタオル等の売れ筋アイテムの印刷前のものをJリーグが展示し、クラブがリーグに発注する制度です。色やデザインが異なっても素材が一緒なら規模の経済が働くため、クラブは安く購入できました。その後、リーグ側のコスト負担等を考慮し、展示会は発展的に終了しました。クラブごとにグッズの仕入れ・販売をするようになったことで、一時的に原価が上昇しました。

第3章 グッズ販売について

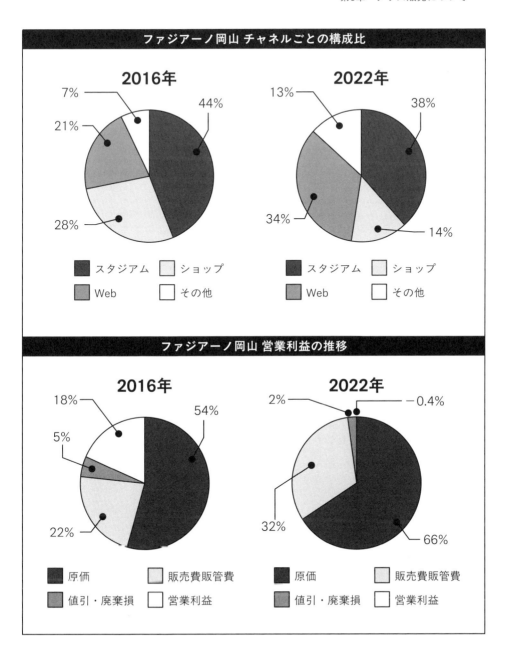

ファジアーノ岡山の商流の変化							
仕入先	上代 （万円）	下代 （万円）	2016年 構成比	原価率		2022年 構成比	原価率
J-official	2,200	1,100	20%	49%		0	NA
Club Original	4,200	2,100	37%	50%	→	0	NA
Uniform	4,500	2,700	39%	60%		40%	60%
その他	600	400	5%	60%		60%	60%
全体	11,500	6,300	100%	55%		100%	60%

※J-officialとClub OriginalはいずれもJリーグ展示会からの購入。商品によっていずれかに分かれる

② 原価率以外のコストの上昇

Webの維持費など、原価以外のコストも上昇しました。売上自体は増加したものの、Web販売が増えたことで人件費は据置。

▶アディダスの利益率との比較

スポーツメーカーの利益率と比べてみましょう。

表の数値からわかるように、アディダスも粗利益率、営業利益率とも低く、Jリーグクラブとそれほど変わりません。競合他社との価格競争にさらされていることが容易に想像できます。

プロスポーツクラブの場合はクラブ愛の高い人に販売するため、グッズ販売における競合他社はないという特徴が浮き彫りになります。

アディダスは、粗利益率は安定しているのに対し、営業利益率は変動が大きいことが見て取れます。営業利益率はマイナスにはなっていないものの、一般の事業会社に比べて低いと言えます。

第3章　グッズ販売について

アディダスの業績推移

単位：百万ユーロ

年度	2021年	2022年	2023年
売上高	21,234	22,511	21,427
原価	10,469	11,867	11,244
粗利益	10,765	10,644	10,184
粗利益率	50.7%	47.3%	47.5%
その他の運営費	8,892	10,260	10,070
（うち一般管理費）	1,481	1,651	1,839
営業利益	1,986	669	268
営業利益率	9.4%	3%	1.3%

出所：adidas Annual Reportを元に作成

幹部はグッズに関する基本的な数字を把握する

営業赤字への対策

　川上（＝製造）・川中（＝卸）・川下（＝販売）とすると、営業利益率を上げるには、川上を内製化するという選択肢があります。では、工場への設備投資を進めるのが得策かというと、現状の国内スポーツ界では「NO」でしょう。できるとしても、背番号やロゴの圧着くらいまでかと思われます。

　売価を高額に設定すると、在庫を増やすだけでなくファンの失望を生むことにもなります。よって、中小の球団・クラブの原価率は一定程度で高止まりすることとなり、営業利益を出すのが難しいビジネスモデルでもあります。

　ただ、私たちの研究室がヒアリングしている範囲では、NPBで内製している一部の球団は原価率の低減にこだわり、営業利益率は一定の高さで維持されています。NPBの人気チームとなると、公式戦日の売上高が数千万円にものぼるため簡単には比較できませんが、来場者数とグッズ売上高は相関が高く、来場者数が増えて関心を持つファンが増えることによって、原価率を下げたりライセンスアウトできる可能性を高めることは間違いないでしょう。

　何のためにグッズを販売するのか、何のために売っているのか、その整理が、黎明期のクラブ・球団がグッズ販売を始めるときにまず必要と思われます。

　球団やクラブへのロイヤリティ（愛着）醸成か、新規層へのフックを含めた宣伝効果か、来場者の購買データの取得か。組織としての哲学や思想、

第3章　グッズ販売について

方向性が問われます。

　例えば、「タオルマフラーを保有することでロイヤリティが高まるだろう」「ギブアウェイ（無料提供品）でシャツをもらったらそれを着て応援に行きたくなるかもしれないので、カッコいいものを作って広告宣伝費として位置づけよう」といった考え方があるかもしれません。

　私は「ファンや潜在顧客との（唯一の）接点」と位置づけ、積極的にグッズ販売を展開していました。

　私の場合、大学時代にアパレルメーカーでずっとアルバイトをしていましたが、物販の担当者と役員が私より経験が豊富で、多くを学びました。物販の世界は本当に奥深いです。内製化する場合、経験者にどう加わってもらうかも検討課題の1つと言えます。

　経営幹部が無関心であることは、避けたいところです。少なくとも決算時の在庫率、商品原価率、一般販管費、回転率については、社長および経営幹部は把握しておく必要があると思われます。棚卸を経験したことがなければ、積極的に参加する姿勢が必要かもしれません。

　クラブに貢献したいとのファン・サポーターの気持ちや思いに、黒字事業にすることで還元できているかどうかが問われます。ただ、客単価を上げるのか、コスト削減に努めるのか、カッコよさにこだわるのか、クラブ・球団内での議論はやはり必要でしょう。

【営業赤字への具体策】

A：ライセンスアウト

　経営陣に経験者が少ない場合、有力な手段。

B：製造の内製化

　非現実的に見える。しかし、いくつか画期的な取り組みが始まってい

137

る。例えば、シャツやタオルのボディだけ仕入れ、スポンサー企業の協力により自分たちで製造しているクラブがあり、当該商品の営業利益率が30〜40％と大きな改善を果たしている。

C：粗利益率を上げる

営業利益率の高い球団クラブは、共通して粗利益率にこだわり、取引会社を丁寧に探し、良好な関係を築いている。

D：商品を絞る

人件費が下がり、棄却・値下げリスクも減る。ファン・サポーターの満足度に見合うかの判断になる。

E：最低ロット数を下げ在庫リスクを下げる

ロット数が少ないと原価率は上がるのであまり効果がない。適切なロット数が大事になる。

F：ネット販売を自前で行う

低い料率の相手先を見つけられるかどうか。

G：注文販売

販売数が多ければ、大きな利益になる。

H：店舗を絞る、買い切りをお願いする

善意から声をかけてくれる店舗や団体に、「クラブとしての方針」と言い切れるか。

I：人気商品

粗利を上げることができれば、大きな利益になる。

J：人気商品Ⅱ

　ユニフォームは金額が大きいため、販管費の改善によって利益金額が劇的に上がる可能性がある。

K：ユニフォームサプライヤーの選択および交渉

　売上の中心を占めるユニフォームは原価も高く、売れ残り、棄却した場合の金銭的損失は大きい。当該年度の成績やネームバリューのある選手やスタッフの入退団によりクラブ側はある程度の需要予測ができるが、それでも予想売上から10％前後ズレる可能性は低くない。生地の発注のため、翌期開幕の5ヶ月前にはクラブ側が発注を求められるが、実際にはその数ヶ月後に閉幕が来るので、その時点および少し後に成績と選手スタッフの入退団がわかり、翌期開幕の5ヶ月前とは需要予測数が異なってくる。この差に対応してもらえるかどうかが大きい。私が専務理事時代にヒアリングしていた印象では、サプライヤーとクラブの関係性はまちまちであり、関係性がよいほど棄却率は低いという印象を持った。

L：ユニフォームメーカーの統一

　海外では中央統括団体が特定のメーカーと独占契約を結び、所属する全球団・クラブが同一メーカーのものを着用している場合がある。その場合、当該メーカーから多額のスポンサーフィーが入り各球団・クラブに還元されている。これは理想的だが、リーグ発足時に統一しないと難しい。

M：1年で棄却するアイテム

　ユニフォームと同じデザインのシャツ、選手グッズ（移籍や退団リスク）、スローガンを用いたグッズ等は1年で棄却する。その比率を一定程度以下に抑えることができるか。

グッズ販売は重要で伸びしろの大きい業務

グッズ販売についてのまとめ

　家に球団・クラブのグッズが1つあることで、頭にインプットされます。まだ来場したことのない人が、それを持って/着て応援に行こうかと考えることは、球団から見て勧誘誘因行動になります。また、好きな球団・クラブのグッズを身に着けたいと思うことはロイヤリティ醸成に何よりも大切です。**入場者数、視聴者数アップのための有力手段**という位置づけは意識しておきたいです。

　現実的には、物販には細かな作業が多く、しかも間違えることができません。よって、ファンの増加に伴いグッズの売上が伸びると、物販担当者の労働時間は増えることになります。早く帰宅してもらおうにも、商品を待っているファンに1日でも早く届けたいという気持ちはクラブスタッフなら誰しも持っていて、担当者の帰宅時間は遅くなりがちです。上司や幹部が、業務実態を正確に把握しておかねばなりません。

　NPBとJリーグクラブを比べると、Jリーグクラブの物販担当者のキャリアパスはやや硬直化している印象を受けます。

　ここまで述べたように、物販は利益率が1％でも改善すると、クラブに大きな利益をもたらします。売上が5億円なら500万円で、約1人分の人件費に相当するのです。それだけ知恵と工夫を発揮しうる場であり、取引会社の選定や良好な関係構築も求められます。細かいところまで数字を見る必要もあり、実は様々な能力が求められる業務です。

　現に、NPBのある球団では、事業部門の部長全員がMD担当の経験者です。グッズ販売とは直接関係のない話ですが、蛸壺化しないように適切なキャリアパスを描くことが、経営幹部にとって大事であると思われます。

第 4 章

クラブの企業価値

算定方法がなければ不合理な売買につながる

1 日本のスポーツチームの真の価値は？

　ここまで、収入の3つの柱について、黎明期のクラブ・球団向けに説明してきました。この章では、収入が増えて拡大したクラブや球団が、**企業としてどの程度の金銭的価値を有するのか**について検証してみます。

　言い方を変えると、クラブや球団を企業として見た場合に、価値評価の算出が可能なのか。

　日本のプロスポーツチームの企業価値評価について、財務データが数多く公表されているJリーグクラブを取り出し、考えてみたいと思います。

▶なぜ、企業価値算定方法が必要だったのか

　これには、別の背景もあります。2019年、Jリーグで過去最多優勝回数を誇る鹿島アントラーズの全株式の61.6％が、16億円で売買されました。この価格をめぐって、クラブの企業価値評価のあり方に関する議論が巻き起こりました。

　当時、私はJリーグのビジネスやクラブ経営を統括する部門の責任者として、様々なご意見をいただきましたが、いくら安いと言われても、当事者同士で決まった価格が実際の価値となります。むしろ、Jリーグを含む日本の球団・クラブにおいては、その企業価値を算定する方法論が確立されておらず、そこに問題があると感じました。

　適正な企業価値算定方法がなければ、プロスポーツクラブの売買は不合理に行われることになりますし、必要な資金を調達することも困難になり、結果として**業界が健全に成長できない**ことになります。個人的にも、国内プロスポーツのためにも、本件は今後必須の研究課題と思い、大学に籍を置いて研究室のメンバーと取り組んできました。

第4章　クラブの企業価値

過去7年間の経営交代

クラブ	年度	推定される交代理由
長崎	2017	不祥事/経営不振
藤枝	2017	経営不振
湘南	2018	経営前進
町田	2018	経営前進
鹿島	2019	経営前進
福島	2019	経営前進
鳥栖	2020	経営前進
東京V	2020	権利行使
奈良	2020	不祥事
FC東京	2021	経営前進
相模原	2022	経営前進
岩手	2022	経営前進
沼津	2022	経営前進
福島	2023	親会社上場
長野	2023	経営前進
いわき	2023	経営前進
宮崎	2023	経営前進
琉球	2023	経営前進

著者調べ

143

▶日本では「額面評価」か「純資産評価」で取引されてきた

まず、過去7年において公表されている経営権取得事例は、Jリーグだけで18回あります。

では、Jクラブにおけるクラブ売買時の取引価格は、これまでどのように決まっていたのでしょうか。公表されている3クラブのケースと、鳥栖について右に示しています。鳥栖については売買時の株価は公表されていません。譲渡後すぐに増資を行っており、登記簿謄本から増資時の株価がわかるので、同じ株価でその直前に譲渡（取得）したと仮定しています。

右の表をご覧いただくと、過去の事例では、額面金額、または純資産をベースとしていることがわかります。

額面金額ということは、発足以来「価値がまったく上がっていない（下がってもいない）」ことを示唆しています。特に額面金額に基づく場合、経営権の取得に必要な金額は、買収時点までに発行された株式の総数によって左右されます。極端な話、J1のトップクラブの発行株式総数が1,000株で1株5万円の場合、5,000万円で100%取得できることになります。逆に、J3で売上高が数億円でも、発行株式総数が10万株で1株5万円の場合、100%取得するのに50億円が必要となります。

何らかの財務指標を基準とした様々な要素を組み合わせて、より現実に近いクラブの企業価値を算出する試みがなされていないことがわかりました。

もちろん、これには理由があります。世界のプロスポーツ球団やクラブの法人格は、ほぼすべて株式会社ですが、配当を出しているところはほとんどありません。それを理解したうえで、日本の場合には何らかの理由、主に球団・クラブの成長を手助けする「無償の愛」から出資をしているケースが多いのです。

144

第4章　クラブの企業価値

クラブ売買時の取引価格の決定方法

クラブ	取得方法	額面金額	買収株価	取得必要金額	取引価格の決定方法
FC東京	増資	5	5	12	額面金額
町田	増資	5	5	7.3	額面金額
鳥栖	株式譲渡	1	0.3	不明	純資産
鹿島	株式譲渡	5	8.27	13.3	純資産をベースに調整

注：「額面金額」「買収株価」の単位は万円
注：「取得必要金額」は株式の51％を取得する際にかかる金額。単位は億円

著者調べ

　額面評価の次の段階としては、純資産評価が考えられます。特に昇降格が発生する場合、スポンサーやファンは、黒字にして余剰金を貯めるより、集めたお金を選手獲得等に使いきって勝利にこだわることを求める傾向があります。よって、資産超過になりづらい特性があります。また選手移籍が発生する場合、いきなり獲られたり、戦力維持のため無理をして獲得したりすることがあり、移籍金の大小はほぼコントロールできません。よって、一時的に債務超過になるケースがあります。多額の移籍金支払いが発生して債務超過となった際に出資した株主は安い株価で買え、逆もあり得るため、この評価法が本来の価値を反映しているかは判断が難しいところです。

　また、この不公平を嫌うため、純資産評価より簿価評価が株主から賛同が得られやすい点は理解しておくべきです。「日本のスポーツは遅れている」という指摘には頷ける一方で、親企業はこぞって日本を代表する企業でもあり、これまでの判断には根拠がありました。

145

上場の増加から減少までの流れ

クラブ価値評価の歴史
——欧州

▶欧米における球団・クラブ価値評価の歴史

では、世界はどうなっているのでしょうか。欧米における、クラブや球団の企業価値評価に関する歴史を調べてみました。

まず、欧州サッカーのクラブ価値評価の歴史について。

1863年：サッカー（Association Football）が誕生

1885年：チームの法人化が認められる

クラブの法人形態としてはSAD（株式会社の一種）とソシオが多かったようです。ここからプレミアリーグ発足までの100年以上、地元の名士が株式を大量に購入したり、会員権をたくさん保有することでクラブの経営を支える場合もあり、そういった人たちは「トロフィーオーナー」「シュガーダディ」と呼ばれていました。

また1人のオーナーが抱えきれなくなると、増資か株式譲渡により別の地元オーナーが現れていたようで、そのような動きが繰り返され、地元のクラブを大事に守っていたようです。なお、最初の頃は企業が株式の過半数を保有することもあったようですが、徐々になくなっていきます。

1971年：最初の文献

- An economic model of a professional sports league.　El-Hodiri & Quirk. J Journak of Political Economy
- The economics of professional football. The football club as a utility maximiser. Peter,J.Sloane　Scottish Journal of Political Economy

当時は、現在の日本と同じように、簿価か純資産法が多かったようです。

1992年：プレミアリーグ発足

　大きな歴史の転換点となります。当時景気の悪化やフーリガンの暴動等で瀕死に喘いでいた英国サッカー界は、プレミアリーグを設立し、個人投資家や外国企業によるクラブの所有権取得を積極的に受け入れました。外資系オーナー（筆頭株主）の参入を初めて認めるとともに、5年700億円の放映権契約を結び、これらが成長の起爆剤となりました。

　なおプレミアリーグの放映権に関しては、この20年後に15倍に増大しています。これまでのトロフィーオーナーと異なり、地元に対する愛着や責任感は乏しく、将来の経営権交代の可能性を考えると、クラブ企業価値の正確な評価を知り、価値を上げていくニーズが発生しました。

1996年：Steven Morrowの論文　Football players as human assets measurement as the critical factor in asset recognition.

　「Players must be as an accounting asset.」サッカー選手の資産価値について初めて言及し、純資産法に基づく独自の評価法を示しています。独立した専門家によって選手が評価されるシステムを推奨し、無形資産としての価値評価について議論が進むきっかけとなりました。同時に、英国会計基準審議会の基準に照らして選手移籍金を無形資産として扱えるかを考察し、後のUEFA（欧州サッカー連盟）の判断に影響を与えたことが想像できます。

1990年代後半：上場クラブの増加

　クラブの価値評価に関して即効性がある研究は、この時点ではまだ少なく、自分たちの価値を知るために、また資金調達のために、クラブを上場する動きが活発化します。その結果、上場クラブが増加し、想定以上の資金を得たクラブによる賃金と移籍金の高騰を生むことになります。

1990年代中盤以降：シングルオーナーの増加

　シングルオーナーとは、51%以上の株式を保有する個人や企業のことです。買い手は株式の51%以上の取得を目指すので、所有権が分散されているより、シングルオーナーから株式の譲渡を受けるほうが手間がかかりません。また、シングルオーナーのほうが上場の判断もしやすくなります。プレミアリーグ発足前はシングルオーナーはほぼゼロだったのが、2018年の段階では、イギリス100%、スペイン50%、ドイツ23%、イタリア100%、フランス85%となっています。具体的な比率は右の表の通りです。

　なお、日本とは異なり、最も多いオーナーは、ベンチャーキャピタルと投資ファンドです。外資系やファンドが購入しても、うまくいっていないクラブもあります。過去にトヨタカップに出場した名門クラブでも、拡大の波にのまれ、低迷しているケースが少なくありません。

2004年：Forbesが「欧州サッカーで最も価値ある20クラブ」を発表

　誠実かつ丁寧な取材とジャーナリズムへの真摯な姿勢で定評を得る米国の経済誌Forbesが、2003年に「米国4大リーグで最も価値ある球団リスト」を発表し、大きな話題となりました。その翌年、欧州サッカーにおいても同様のリストを発表しました。金額が実際の売買価格に比較的近かったことや、ランキングが示されたことは相当な話題になり、多くのクラブを刺激したようです。

2005年：Transfer Market社が「欧州リーグ所属全選手の市場価値」を発表

　ドイツのデータ会社が欧州リーグ所属全選手の市場価値を発表したこと、さらにそれに前後するタイミングでUEFAが会計のガイダンスを変更し、それまでは選手の移籍金については売った場合も買った場合も1年で償却していたのが、買った場合には3年償却となりました。

第4章　クラブの企業価値

各国の所有形態

所有形態	イギリス	スペイン	ドイツ	イタリア	フランス
外国籍シングルオーナー	65	20	6	20	35
国内シングルオーナー	35	30	17	80	50
分散（株式分散）		35	61		15
会員組織（非株式会社）		15	17		

出所：Are football clubs as pieces of art or as regular corporations? An empirical evidence of market valuation of football clubs in the big 5 leagues. Luis Carlos Sanchez, et el

　この頃すでに移籍金が高騰していたため、これによりクラブの純資産評価が飛躍的に高くなりました。例えば移籍金が150億円発生した場合、1年間で150億円の損失だったのが、最初の1年は50億円が損失で100億円は資産に回り、残り2年で50億円ずつ償却することになりました。

　なお、その後に他のデータ会社も選手市場価値を発表し、今ではJリーグのほとんどの選手も公表されています。

2006年：アーセナルを高値で購入したディーン氏の売却と「ロンドンプレミアム」

　デービッド・ディーン氏がアーセナルを購入したとき、あまりの高値に元のオーナーが「バカげた値段だ(dead money)」と、自身は収益を得たにもかかわらず揶揄しました。しかし2006年にディーン氏が売却したとき、購入価格の2.56倍だったことは「やはりサッカークラブの価値は高かった」との証明になりました。

　また、当時大手クラブの取引仲介の中心人物であったキース・ハリス氏が、首都圏クラブ（イギリスにおけるロンドン、フランスにおけるパリ）

には大きなプレミアムがついていることを雑誌※のインタビューで語り、「ロンドンプレミアム」という言葉が文献に登場しはじめました。

※2006 雑誌インディペンデント「TV bonanza and tradition make the premier League irresistible」

　日本における私たちの研究室のこれまでのヒアリングでは、買い手の興味は1都3県のクラブに集中しています。日本の場合、買い手企業は首都圏に多く、また購入後の運営資金拠出が求められるので、後背人口が多くメディアの注目度の高い地域を好むようです。また、自分や社員が直接観に行けることを重視しているように感じました。

2011年：財務ライセンス制度導入決定

　2010年に、五大リーグの一部リーグ全体で16億ユーロの赤字と191億ユーロの債務が発生しました。浪費的な経営による倒産を防止するため、UEFAはライセンス制度を導入し、累積赤字の金額上限を定める等により、一定の財務基準に達しないクラブのリーグ戦参加を認めない、あるいは勝ち点をはく奪することを決めました。

　収支の管理が改善されたことや経営の透明度が増したこと、何よりクラブ倒産リスクがほぼなくなったことが評価され、世界中からさらに新しい投資家を惹きつけ、価値を高めたクラブによる売却の動きが加速することになりました。実際には堪えられるところまで増資を行うか有利子負債を堪え続けて、できるだけ価値を高めようとするクラブが増えることになります。

2010年前半：上場クラブの減少

　2000年後半から上場は下火となり、現在においては欧州全体で16クラブのみ。最盛期の10〜20％と言われています。株価は下がらないのですが、配当はほとんどなく、低迷する株式、機関投資家の関心の低さから上

第4章　クラブの企業価値

場廃止の流れになりました。ファンだけが買い、売ることもないので値崩れはしづらいものの、他銘柄に比べて株価上昇が見られないという特徴があります。上場クラブの企業価値の上昇幅に、株式価値が追いついていない現状があります。

2012年：トットナム上場廃止

　ハイエンドのクラブでは、プレミアリーグのトットナムが最初に上場を廃止しました。廃止時の時価総額は83万ユーロ、Revenue Multiple（後述）での評価が245万ユーロ、Forbesでの評価が351万ユーロと、評価に開きがありました。さらに言うと、実際に買収された金額はForbes評価よりも高い金額でした。時価総額を遥かに上回る価格で買収され、上場価格は実際のクラブ価値評価から乖離しているという定評ができ、上場廃止の流れが加速します。

2013年：スペインでサラリーキャップ導入

　2010年後半から中東や中国のオーナーが増えてきています。これらの国は富裕レベルでは欧米を凌ぐとも言われており、「これ以上のリッチな層は世界に存在せず、急勾配だった成長曲線が横ばいになるかもしれない」と、いくつかの論文で指摘されはじめています。サラリーキャップ（年棒額の調整）導入は現在はスペインだけですが、マネーゲームの風潮に批判的な学者筋からは、今後のテーマになると示唆されています。

　一方で、依然として最大の買い手はファンド（特に米系）です。増資により積極的な選手獲得を続け、価値を高めるやり方です。うまくいっているケースと、そうでないケースがあります。

151

3 球団価値評価の歴史 —— 米国
球団収入を低くするインセンティブが働く

次に、米国球団の価値評価の歴史について見てみましょう。

▶ **財務データの欠如**

欧州に比べ、米国は財務データがほとんど公表されていません。上場しているのは、MLBのアトランタ・ブレーブスくらいです。

その理由は、労使交渉が激しいからとされています。

また、4大メジャースポーツだと、リーグ収益の分配とは別に、球団間の収益分配があります。球団収入が多いと低い球団に持っていかれる、いわゆる「割り勘負け」になることから、球団収入を低くするインセンティブが働きます。よって、テレビ局や施設運営会社、マーケテイング会社等を設立して関係会社で所得を得る傾向があります。球団価値だけを算出しても、その球団全体の事業を評価することにはなりづらい側面があります。

ただ米国らしく、球団価値に関係する裁判は多く、これまでの判例にある純資産価値は実際の取引で参考にされてきたようです。選手を評価するエージェント、不動産鑑定士等、裁判所もあらゆる資産を評価する専門家を揃えています。また実際に破綻するケースもあり、純資産評価の実績は豊富です。

▶ **利益は企業価値に関係ない**

訴訟における球団の企業価値評価について注目すべき点は、ほぼすべてのケースにおいて、「利益金額は企業価値に関係ない」との判決が出ていることです。有名な例では、2001年にナショナル・フットボール・リーグとオークランド・レイダーズの間で起こった訴訟やその後のエリー郡と

バッファロー・ビルズとの訴訟において、「利益は企業価値に関係ない」ことを踏まえたうえで判決と球団価値金額が出ています。球団側やオーナー側が税金やリーグ負担金を下げるために、利益の少なさや累積損失額を主張したものの、裁判所から却下されています。破産した球団の裁判所の評価の事例も含め、米国においては「利益が価値を導くツールとして無意味（無関係）である」ことが判例により決定づけられるようになりました。

▶欧州でも同じ

　欧州においても、クラブの企業価値評価に「利益は関係あるのかないのか」が激しく論争されてきました。プレミアリーグは、1992年の創設以来、クラブの総収入と総支出が黒字であった年はないようです。選手の労働コストの上限は原則存在せず、競争力のあるパフォーマンスと選手コストとは高い相関関係にあります。選手コストを増加させずに勝利するのは困難であり、また、リーグ戦やカップ戦における好成績が利益につながるとは限らないと、多くの論文で指摘されています。

　2016年イタリアの学者Tisciniの論文「WHAT DRIVES THE VALUE OF FOOTBALL CLUBS: AN APPROACH BASED ON PRIVATE AND SOCIO-EMOTIONAL BENEFITS」には、「上場クラブは赤字が多いがおおむね株価は維持され、評価価値は上がっている。5年連続赤字でも株価や評価価値が大きく上がっているクラブもある」と記載されています。

　論文では、「profit maximize」と「win maximize」のどちらであるべきか、議論されてきました。前者は利益を重視する経営で、後者は利益を度外視して勝利を重視する経営です。前者にこだわるクラブは、成績が低迷し、凋落する結果が次第に明らかになるにつれ、「利益にこだわる経営は勝利を遠ざけ、結果として価値を下げる」との論が定評になっています。

　大学業務の関係で、海外のプロスポーツの関係者と会話をすると、「日本はPL志向が強すぎる。スポーツと一般の事業は異なる」と時々指摘されます。成長を阻害している最大の要因と言う人までいました。

153

4 クラブ・球団の企業価値評価手法の変遷
一般的な価値評価手法の適用は難しい

　クラブ・球団の価値評価についての大まかな流れについて、ここまで説明しました。ここからは、M&Aの世界で一般に「バリュエーション」と呼ばれる、企業の価値評価手法について話を進めていきます。クラブ・球団は株式会社であり、一企業として見た場合の、価値評価手法についてです。

▶一般的な価値評価手法が使えない

　一般的な価値評価手法には、純資産法、将来利益還元法、類似企業評価法があります。プロスポーツの世界において、純資産法は、不完全と認識されてきています。また、将来利益還元法と類似企業比較法については、将来利益を基にしますが、球団やクラブの場合、利益を出す構造になっていないため、適用が難しくなります。

▶Revenule Multiple法の一択になっている

　よってどういう評価法が適切か、何人もの学者やコンサルティング会社が独自のモデルを開発したり、自身のモデルの正しさを主張してきました。様々な論争のあと、現在においては、多くの学者が「Revenue Multiple法」（売上高の乗数を基に評価）が、現在のプロスポーツの球団クラブにおいて最適の評価法と唱えています。

　実際の取引価格を把握する立場にある会計事務所デロイトは、2012年のレポートで、サッカークラブの企業価値評価は、「収益の倍数で評価し、その他には収入源の各数字やブランド価値を重視する。評価取引価格のめどは、年間収益の1.5～2.0倍となっている」と報告しています（Delloite 2012年、What is the Optimal Method to Value a Football Club　Tom Marcum

2013年）。

「収入や支出ではなく、売上高が企業価値に最も影響を与える」という評価法は、GoogleやAmazonでもそうだったように、有望なテクノロジー系スタートアップの標準的な評価方法ともなっており、プロスポーツチームだけの特定評価方法ではありません。米国のRodney Fortは、2006年に自身の論文「The value of Major League Baseball ownership.」において、「Revenue Multipleは安定した売上高の伸びを前提とするが、米国4大メジャースポーツの過去40年間の売上は伸び続けており、また、チーム販売価格の伸び率が経済成長の2倍以上であったことから、この評価法の正当性は証明されている」と述べています。4大リーグ所属球団の過去の買収価格は、当時で売上高の2.5〜3倍、NFLは3.5〜4倍が多く、最近はそれ以上になっています。

引用数が多い論文に、以下のものがあります。

「Luis Carlos Sanchez, Angel Barajas & Patricio Sanchez-Fernandez 2022 Are football clubs as pieces of art or as regular corporations? An empirical evidence of market valuation of football clubs in the big 5 leagues」

「Scelles, N., Helleu, B., Durand, C., & Bonnal, L. 2016 Sports firm values: Bringing new determinants to the foreground? A study of European soccer, 2005–2013.」

「Tom Marcum　2013　What is the Optimal Method to Value a Football Club?」

以下に、一般の事業会社の価値評価で用いられる手法をプロスポーツチームに導入する際の適性について、まとめます。

▶売上高以外に、どんな要素が価値評価に影響を与えるのか

　現在、選手の市場価値は可視化されるようになり、価値評価するうえで可視化できない無形資産は、エゴファクターとクラブの社会的価値とされています。エゴファクターとは、クラブを保有する義務感とか責任感、あるいは名誉といったもので、欧米の文献に頻繁に登場します。両者とも代替変数で適切なものがなく、可視化は難しいというのが現在の定説です。

　予想される将来のキャッシュフローの現在価値に見合う価値があるはずで、それをどう調べるかという議論が過去にはなされてきました。しかし合意を得られる手法がなく、売上高を中心とした重回帰分析が主流となり、現在に至ります。

　回帰分析とは、複数のデータの関連性を明らかにする統計手法で、ある成果の値変動に別の要素がどのくらい影響を与えているかを分析するものです。

　単回帰分析は要素が1つだけで、重回帰分析は要素が複数になります。求めたい数字を被説明変数、それに影響を与える複数の要素群を説明変数と言い、被説明変数と説明変数の関係を直線（1次関数）で表します。

　販売価格を被説明（従属）変数とした場合の説明（独立）変数として、論文で拾える主だったものを右に列挙してみました。

　Aは最近の各文献で重視されている要素、Bは2010年以前の各文献で重視されていた要素、Cは米国の一部の学者に重視されている要素です。

第4章　クラブの企業価値

クラブ・球団価値評価のアプローチまとめ（欧州・北米）

アプローチ手法	クラブ・球団価値評価への適正	特徴
インカムアプローチ法（将来利益還元法）	×	利益が出づらい
マーケットアプローチ法（類似上場企業比較法）	×	サンプルが少ない、上場株価と企業価値の乖離が大きい
コストアプローチ法（純資産法）	△	収益性やブランド力を反映していない
レベニューマルチプル法（売上高乗数法）	○	定評を得ている

※2022年のチェルシー売却時：42億5,000万£＝6,800億円（当時）＝売上の6倍前後

欧州・北米のクラブ・球団の価値算定変数

A	・売上高 ・チーム人件費率 ・選手の市場価値 ・SNSフォロワー数 ・放映権料 ・スタジアム保有の有無	最近の各文献で重視されている要素
B	・純資産 　チーム成績 ・負債比率 ・アカデミー	2010年以前の各文献で重視されていた要素
C	・営業利益 ・後背人口 ・スタジアムの築年数	米国の一部の学者に重視されている要素

157

欧州の大手会計事務所は価格決定モデルを持つ

5 欧州の価値評価モデルの導出

▶欧州における算出法

次に、我々の研究室で欧州の算出モデルの導出を試みました。

欧州の公認会計士事務所とミーティングをした際、いまはほぼすべての欧州クラブが自クラブの企業価値評価に関心があり、また公認会計士事務所はフィナンシャルアドバイザリー（FA）として、売り手・買い手の双方についていることを知りました。よって、デロイト、KPMGといった大手はそれぞれが価格決定モデルを持ち、実際に決まった価格に関しても精通していることがわかりました。

よって、自分たちで算出する方法として、欧州サッカークラブの推定企業価値を被説明変数とし、先ほど示したA～C等の要素を説明変数として、重回帰分析により欧州サッカークラブの企業価値の算出モデルを導出することにしました。

より具体的には、公表されているKPMGのEV（エンタープライズバリュー）が実際の取引金額に近いと想定し、それらを被説明変数とします。説明変数としては先ほどのA～Cや、KPMGが重要と公表しているものを取り上げ、直近数年間のデータを用いました。なお、我々も入手できる限りで実際の買収価格を調べましたが、KPMGの数字に近似していましたし、米国においては、Forbesの評価額と実際の買収価格が近似していると言われています。

算出に用いたクラブと、独立変数として用いた指標の一覧は次のページの通りです。

第4章　クラブの企業価値

算出に用いたクラブ

国	クラブ	国	クラブ
イングランド	アーセナル	オランダ	アヤックス
イングランド	アストン・ヴィラ	フランス	オリンピック・リヨン
イングランド	チェルシー	フランス	オリンピック・マルセイユ
イングランド	エヴァートン	フランス	パリ・サンジェルマン
イングランド	レスター・シティ	ドイツ	バイエルン・ミュンヘン
イングランド	リヴァプール	ドイツ	ボルシア・ドルトムント
イングランド	マンチェスター・シティ	ドイツ	アイントラハト・フランクフルト
イングランド	マンチェスター・ユナイテッド	ドイツ	シャルケ
イングランド	トッテナム・ホットスパー	イタリア	ACミラン
イングランド	ウェストハム・ユナイテッド	イタリア	ASローマ
スペイン	ビルバオ	イタリア	アタランタ
スペイン	A・マドリード	イタリア	インテル
スペイン	バルセロナ	イタリア	ユヴェントス
スペイン	レアル・マドリード	イタリア	ラツィオ
スペイン	セビジャ	イタリア	ナポリ
スペイン	バレンシア	トルコ	ベシクタシュ
スペイン	ビジャレアル	トルコ	フェネルバフチェ
ポルトガル	ベンフィカ	トルコ	ガラタサライ
ポルトガル	ポルト		

159

	Data source
SNSフォロワー数	Includes: X (formerly Twitter), Instagram, Facebook, YouTube, Weibo, TikTok
売上高	Annual Reports published by clubs
選手市場価値	Transfer market
放映権料	Annual Reports published by clubs *For Türkiye, Anadolu Ajansı
選手人件費率	Capology
選手人件費	Capology

独立変数として用いた指標

　その結果、欧州の企業価値（被説明変数）を算出する説明力の高いモデル＝計算式を複数出すことができました。

　売上高を用いた単回帰式でも、企業価値価格はそれなりに説明できます（＝モデル０）が、「売上高・SNSフォロワー数」の２つを説明変数に採用したモデルで説明力が最も高くなり（＝モデル１）、欧州クラブの実際の企業価値をほぼ再現することができました。

モデル０：企業価値（百万ユーロ）＝5.3024×売上高（百万ユーロ）
モデル１：企業価値（百万ユーロ）＝4.2708×売上高（百万ユーロ）＋
**　　　　　3.8042×SNSフォロワー数（百万人）**

　また、モデル１に比べると説明力が劣るものの、比較的説明力の高いものとして「所属選手の市場価値合計・SNSフォロワー数」の２つを説明変数に採用したモデル（＝モデル２）をここでは取り上げます。

**モデル2:企業価値(百万ユーロ)＝2.4307×選手市場価値(百万ユーロ)
　　　　　＋7.5764×SNSフォロワー数(百万人)**

　モデルを構築するにあたり、被説明変数であるクラブの企業価値分布は正規分布に従うと仮定しました。さらに、すべての独立変数がゼロの場合、クラブの企業価値はゼロになるという仮定を立て、推定値の切片をゼロに固定しました。

　これらのモデルを利用して、ヨーロッパの大手サッカークラブの推定企業価値を算出したのが次のページの一覧です。

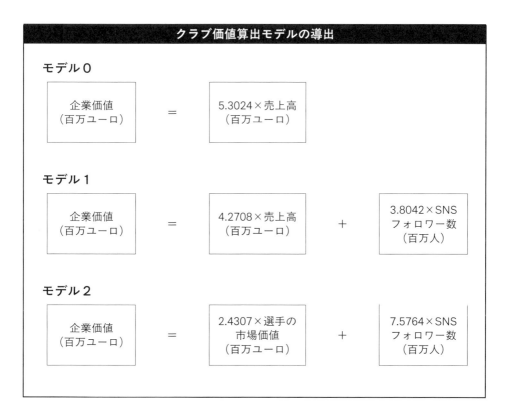

ヨーロッパの大手サッカークラブの推定企業価値 2023年版

	EV (KPMG)	モデル0	モデル1	モデル2
レアル・マドリード	5,097	4,326	4,993	5,401
マンチェスター・シティ	4,933	4,298	4,087	4,251
マンチェスター・ユナイテッド	4,861	3,881	4,045	3,538
バイエルン	4,255	3,871	3,692	3,319
リヴァプール	4,189	3,553	3,463	3,208
バルセロナ	4,115	4,163	4,823	4,885
トッテナム	3,505	3,286	3,043	2,604
パリ・サンジェルマン	3,493	4,172	4,176	4,049
チェルシー	3,264	3,067	3,088	3,591
アーセナル	3,108	2,771	2,667	3,479
ドルトムント	1,893	2,185	1,990	1,530
ユヴェントス	1,702	2,250	2,424	2,181
A・マドリード	1,672	1,895	1,733	1,429
ACミラン	1,436	2,005	1,898	1,818
インテル	1,424	1,972	1,850	1,893
ウェストハム	1,083	1,431	1,225	1,201
ナポリ	906	1,393	1,207	1,376
アイントラハト・フランクフルト	740	1,527	1,270	591
アヤックス	684	1,021	936	670

第4章　クラブの企業価値

単位：百万ユーロ

	EV (KPMG)	モデル0	モデル1	モデル2
セビージャ	647	1,115	960	520
アストン・ヴィラ	633	1,303	1,124	1,661
ベンフィカ	628	1,214	1,034	1,000
ローマ	604	1,118	1,040	1,035
ポルト	556	864	747	727
エヴァートン	547	1,030	900	927
リヨン	492	1,036	897	534
マルセイユ	480	1,345	1,181	771
アタランタ	467	619	518	834
ラツィオ	445	761	636	619
ビジャレアル	424	581	506	506

得られたモデルを適用する

6 Jリーグクラブの推定価値

　Jリーグクラブの企業価値評価については、我々の研究室で何度も議論を重ねました。様々な評価法が候補に挙がりましたが、結論から言うと、欧州の価値算定モデルを、そのままJリーグクラブに適用することが最もいいのではないかという結論に至りました。

　ただし、それには、「Jリーグクラブが欧州のクラブと経営体として同業他社と見なせる」ことが言えなければ成立しません。同業他社と見なせることができれば、規模の違いがあるとは言え、企業価値評価について同じ手法を用いる妥当性は高いと考えました。以下に、欧州と日本のプロサッカーリーグの経営構造を比較してみます。

・提供する商品はサッカーの興行であり、そのために才能ある選手を獲得する
・各チーム11人ずつの選手でプレーし、交代もあり、前後半45分ずつプレーする
・毎年のリーグ戦で競い合う。リーグは16〜20のチームで構成される
・昇降格システムがある
・収支項目は一緒（放映権、スポンサー、入場料、移籍金、大会出場料、他）
・外国籍選手は制限される場合が多いが、選手獲得の門戸は世界中に開かれている
・サラリーキャップがない（例外としてスペイン）
・財務ライセンスの存在により、倒産を未然に防ぐ努力がなされている

　当たり前のことを言っているように思えるかもしれませんが、ここは大

164

第4章　クラブの企業価値

クラブ価値算出モデルに基づくJリーグクラブの価値推定

J1

単位：億円

クラブ	モデル1 推定値	モデル2 推定値	クラブ	モデル1 推定値	モデル2 推定値
浦和	352.0	120.8	広島	174.8	75.6
川崎	305.8	101.7	札幌	156.5	59.4
横浜M	282.0	82.9	京都	141.5	65.6
神戸	276.4	114.7	磐田	139.7	49.2
鹿島	266.1	90.5	福岡	122.2	45.3
名古屋	264.7	75.7	鳥栖	119.6	37.7
G大阪	258.5	73.0	新潟	110.3	40.7
F東京	229.3	76.1	湘南	107.7	62.2
柏	199.1	52.5	東京V	94.2	34.8
C大阪	189.6	92.2	町田	82.5	47.8

J2

クラブ	モデル1 推定値	モデル2 推定値	クラブ	モデル1 推定値	モデル2 推定値
清水	219.1	76.9	山口	48.3	28.5
横浜FC	123.5	47.8	栃木	45.1	25.7
仙台	115.0	47.7	水戸	44.5	17.0
千葉	113.7	31.2	熊本	42.4	11.3
徳島	95.6	46.7	秋田	37.8	20.8
山形	94.6	39.1	愛媛	34.1	22.4
長崎	89.2	65.7	いわき	33.4	3.59
岡山	81.1	26.0	群馬	31.0	18.6
大分	79.0	35.6	鹿児島	32.9	15.6
甲府	67.6	37.2	藤枝	17.7	13.3

165

事で、直接対戦する機会は少ないものの、「十分に同業他社と見なせる＝同じ価値評価モデルを適用する妥当性はある」と考えました。

　ここから実際に、先ほど得られた算出モデル1と2を、Jリーグクラブに適用してみます。なお、為替は、1ユーロ160円で計算しています。

　欧州のクラブの被説明変数は、どのモデルを使っても、残差はあれどある程度数字が収斂しているのに、日本のクラブの被説明変数はモデルごとにバラバラになります。
　モデル1と2は比較がしやすいのでここで取り上げましたが、日本の場合、欧州に比べると**売上高に対して選手価値が低い**ことを示しています。別の見方では、売上高で考えると日本のクラブはトルコの上位クラブと遜色ないのに、**クラブ価値は過小評価されている**と言えるかもしれません。

　重回帰式には多くの説明変数を含めました。多重共線性と言って、説明変数同士にも相関関係がある場合があります。よって、一概には言いづらいのですが、2つのモデルともにSNSフォロワー数が必須変数として含まれているという事実（実を言うと、この2つの次に説明力の高いモデルにもSNSフォロワー数が変数として入っています）は、収益一辺倒だった従来の評価方法が少し変わってきたことを示している可能性があります。実際に、2010年代前半からの先行研究では、SNSフォロワー数の重要性がすでに指摘され始めており、今回の分析結果はこの傾向を裏付けました[※]。
　より多くのサッカーリーグが「自国以外に」放映権を販売しはじめ、世界のファン層がクラブの価値を形成するうえでますます重要になってきています。世界中に拠点をおく欧州クラブの人気とブランド価値は、すでに観客数だけでは完全に説明できなくなっているようです。

※　2013 Determinants of professional sports firm values in the United States and

第4章　クラブの企業価値

クラブ価値算出モデルに基づくJリーグクラブの価値推定

J3　　　　　　　　　　　　　　　　　　　　　　　　　　　単位：億円

クラブ	モデル1 推定値	モデル2 推定値	クラブ	モデル1 推定値	モデル2 推定値
大宮	113.6	44.2	いわて	29.0	17.2
琉球	68.7	22.5	FC大阪	24.0	8.0
松本	65.8	23.6	鳥取	21.2	12.2
今治	45.0	25.1	沼津	18.8	7.7
北九州	44.1	17.8	福島	18.6	9.7
岐阜	38.1	18.0	奈良	18.5	7.2
金沢	37.4	27.2	讃岐	17.7	9.2
相模原	33.4	10.5	八戸	17.3	8.3
長野	32.7	13.9	宮崎	14.0	9.3
富山	29.2	14.5	YS横浜	6.9	7.6

Europe: A comparison between sports over the period 2004–2011. Scelles, Nicolas., Helleu, B., Durand, C., & Bonnal, L.

　誤解していただきたくないのですが、この数字が正しいと主張するつもりはありません。あくまでも欧州の算出モデルを導出し、それをJリーグクラブに適用して得られた数字になります。

　最適なモデルは毎年変わりますし、得られた数字はあくまで「基準」でしかありません。大事なのは、**この基準を基に、売り手と買い手がどう判断するか**であり、双方が合意する金額が本来の価値を示すことになるため、今後、私たちの研究室ではクラブオーナー（売り手）および投資家や企業（買い手）にヒアリングを進めていきたいと考えています。

　なお、ヒアリングはすでに始めています。

買い手候補者から必ず言われるのは、「買うのはいいが、買ったあと毎年いくら払うかで（順位が）決まるので、いくら払うことになるかが知りたい」。また、クラブ（売り手）からも「毎年の負担が重荷。しかし金額を下げると順位が下がるので負担せざるを得ない」と言われます。

今後ヒアリングを進めるうえで、この「毎年の負担額」は避けて通れない事項であることがわかりました。

第 5 章

親企業の年間拠出金額

親企業の拠出は企業価値を左右する

親企業の拠出金額を調べようと思った背景

　第4章で述べた「親企業の毎年の負担額」は、現実問題として買い手にも売り手にも重要事項であるようです。

　実際にクラブや球団の価値を測るうえで、多くの人が考えるのが、「**親企業（責任企業）になったら、毎年いくらクラブに運営資金を払わなければならないのか**」ということではないでしょうか。

　親企業側は、クラブや球団の毎年の運営資金の負担が社内で合意を得られなくなり、手放すケースがあります。

　欧州のフットボールクラブは、160年前後の歴史の変遷のなかで、企業でクラブや球団を保有することが困難となり、多くがファンドか個人のシングルオーナーとなりました。移籍金として多額の支払いが必要になる場合は、ファンドや個人が増資することで対応しますが、この増資のアクションが企業では説明がつかなくなったようです。

　他方、日本においては企業がクラブを保有するケースが多く、ほとんどが広告協賛金の形でクラブに運営資金を拠出することとなります。この違いはクラブの企業価値評価に関して大切な点であることを、ヒアリングを通じて知りました。欧州と異なり、毎年多くの「返ってこない」お金が運営資金として必要になるため、「毎年いくら払わなければならないのか」を買い手が気にすることになるのです。

　この、「親の負担金」は話題にはなるものの、実際いくらくらいであるかに関する情報にお目にかかることは、ほとんどありません。

　繰り返しになりますが、クラブの企業価値評価の論文を出したあと、訪問先で必ずと言っていいほど言われたのが、「親がいくら払っているかわ

からないと、算出しづらいですね」というものでした。

　したがって、クラブの企業価値評価における重要情報という観点において、この数字を推定する必要が出てきます。そこで公表数字を基に、本書で推定してみたいと考えました。また、推定値を基に、「もし親の負担金がない場合、トップチーム強化費がどのくらい減るか」についても調べてみたいと思います。

　なお、私は当時、一部のクラブに関してその金額を知り得る立場にあったものの、実際にライセンスヒアリングに立ち会ったことはほとんどなく、また、リーグ担当者に確認したこともありません。リーグもすべての情報を持ち合わせているわけではありません。

　クラブの代表取締役時代に、自分たちとの違いを知るために、公開情報から予測を立て、Ｊ１クラブにヒアリングに行ったことはありました。過去の文献等を紐解くと、Ｊリーグが発足してから長らく、各親企業から10億円の拠出が毎年行われていたという話や、10億から15億円くらい出しているだろうとのコメントもあります。

https://www.albirex.co.jp/uploads/64e5c40fa7f8a6f0fe7a8c58705fe933f5b5f7d5/original.pdf

　本書で示すのは、あくまでも推定値です。推定値であっても、数字が出ることで反発の声があるかもしれません。それでも、経営上の情報は欧州同様に可能な範囲で共有されていたほうが業界の発展に資すると考えるに至り、推定を進めることとしました。

　なお、本件とは直接関係しませんが、欧州の情報開示は日本より進んでおり、今や収入の大きな柱である移籍金の収支についても開示されています。今後は、日本でも議論になる可能性があると感じています。

「親企業＝筆頭株主」ではない

「親企業」の定義

　NPBの場合は、球団名に企業名がついているので、親企業は明白です。では、ＪリーグやＢリーグはどうでしょうか。

　私の理解では、「クラブの経営に対し、強い影響力を持つ企業」となります。2020年に国税庁と話したときにわかったことは、一般企業と少し異なり「51％の株式を保有する」「33.4％以上を保有しダントツの筆頭株主である」という定義ではありませんでした。プロスポーツクラブ、特にＪクラブの場合は、地域密着を謳い、ホームタウン内の多くの組織や個人、果ては自治体と協働しながら経営する特徴があり、そういった方々から広く出資を受けるため、株式保有者は数多く存在します。株式保有比率よりも実際の影響力で国税庁は判断していると感じました。

　具体的なクラブ名は避けますが、保有株式比率が10％未満、かつ同比率で株式を保有する企業が複数存在する場合でも、親企業と判定されています。強い影響力とは、誰が経営トップになるかを実質決めている存在（企業）であったり、社長を輩出している存在（企業）であったりです。

　話は変わりますが、サッカーで広告料収入を得ようと営業する場合、最初に気づくのは、大型商材が少ないということです。Ｊ１のトップクラスでも、年間2,000万円以上の協賛金をいただける商材は、ユニフォーム以外では数えるほどしかありません。よって協業による協賛を増やさなくてはなりませんが、簡単なことではありません。これは欧州でも事情は同じであることを後に知りました。別の見方をすると、商材はどのクラブも似通っているので、HPをよく分析し、相場観を働かせることで、クラブの広告料収入の中身や親企業からの拠出金を想像することができます。

第5章　親企業の年間拠出金額

　近年の特徴的な動きとしては、僭越ながら私と仲村健太郎氏（現Jリーグクラブライセンス事務局）が2020年に国税庁と会話を重ね、それまで原則として「固定金額」および「年1回の拠出」だったものが、プロ野球（以下NPB）球団と同じように、「いくらでも」「何度でも」拠出が認められるようになってから、親企業の拠出が増加していると聞きます。

親企業の拠出金は３つの項目に現れる

公表数字のどこを見るか

　ここから、2023年にＪ１に所属し、親企業が存在する主だったＪクラブにつき、親企業からの拠出金額がいくらなのか、公表数字からどこまで推定できるのか、調べてみます。2023年はＪ２であるものの、Ｊ１の常連である清水と磐田も調べてみます。なお、親企業からの拠出金額とは、**親企業＋親企業のグループ企業の合計金額**とします。親企業から多くの発注を受けている関係会社も影響下にあると言えますが、今回は除外します。

　Ｊリーグは毎年、全クラブの財務情報を公開しており、「Ｊリーグクラブ経営情報開示」で検索すると出てきます。

https://www.jleague.jp/corporate/assets/pdf/club_info/j_kessan-2023.pdf

　公開されている損益総括（PL）と貸借対照表（BS）のうち、損益総括をご覧ください。親企業からの拠出金額は、損益総括の次の３つの項目に現れると考えられます。
Ⅰ：特別利益
Ⅱ：スポンサー収入
Ⅲ：その他収入

▶Ⅰ：特別利益

　特別利益は基本的にはゼロなので、この数字が毎年記されている場合、親企業からの拠出と推定できるでしょう。

▶Ⅱ：スポンサー収入

　親企業はユニフォームの「胸スポンサー」になっている場合が多いです。

また、用語としては「広告収入」「協賛収入」「スポンサー収入」と様々な表現がありますが、Ｊリーグの公表資料に従い、本書では「スポンサー収入」で統一します。

▶Ⅲ：その他収入

営業収益の他の項目に入らないものがすべてここに含まれるので、内訳は多岐に分かれます。主なものは以下になります。

- ・移籍金収入
- ・賞金
- ・指定管理料収入
- ・ファンクラブおよび後援会収入
- ・自動販売機収入
- ・スクール収入

これらに加えて、「親企業からの補填拠出」が入る場合があります。特に、先ほどの国税庁の解釈変更があってから、年度内における親企業からの追加拠出が発生する際、特別利益やその他収入の項目で補填するケースが増えてきており、特に、夏場の選手獲得が必要になった場合に発生しがちです。

なぜ「スポンサー収入」に含めず「その他収入」に入れるかというと、親企業の意図としては、「当初の予定金額以上のお金である」「広告宣伝とは異なる理由（子会社支援等）での拠出である」「利益供与や利益移転と見られることを防ぐ」「毎年のものではない（本来はクラブが稼ぐべきお金）」という厳しいメッセージがこめられている場合もあるようです。

特別利益の説明は不要でしょうから、「スポンサー収入」と「その他収入」の内訳分析を進めていきましょう。

J1のその他収入推移

単位：百万円

年度	2023	2022	2021	2020	2019	2018
J1平均	928	815	819	569	688	754

2023年度 J1クラブ決算一覧　損益計算書

		札幌	鹿島	浦和	柏	FC東京	川崎F	横浜FM	横浜FC
		2024年1月期	2024年1月期	2024年1月期	2024年3月期	2024年1月期	2024年1月期	2024年1月期	2024年1月期
損益計算書	売上高	4,111	6,462	10,384	4,419	5,929	7,963	6,509	3,62
	スポンサー収入	1,933	2,418	4,223	3,111	2,836	3,452	2,222	1,528
	入場料収入	775	1,201	2,145	413	1,208	1,258	1,499	52
	Jリーグ配分金	347	333	473	295	316	432	410	28
	アカデミー関連収入	26	259	32	22	435	263	0	240
	女子チーム関連収入	0	0	121	0	0	0	0	0
	物販収入	467	893	1,583	11	610	951	1,244	23
	その他収入	563	1,358	1,807	567	524	1,607	1,134	81
	売上原価	3,996	4,780	7,403	3,091	4,475	5,356	4,909	3,239
	トップチーム人件費	1,723	2,532	3,860	2,654	2,597	3,287	3,042	2,089
	試合関連経費(ホームゲーム開催費)	517	368	726	115	369	259	481	26
	トップチーム運営経費	441	378	786	176	438	661	591	28
	アカデミー関連経費	215	446	216	145	571	351	0	36
	女子チーム関連経費	0	0	404	0	0	0	0	
	物販関連費	364	693	1,214	1	492	798	795	20
	その他売上原価	736	363	197	0	8	0	0	3
	販売費および一般管理費	644	1,997	2,614	806	1,551	2,483	1,668	73
	営業利益(▲損失)	▲529	▲315	367	522	▲97	124	▲68	▲34
	営業外収益	78	2	34	16	31	27	90	4
	営業外費用	19	13	9	47	7	2	14	2
	経常利益(▲損失)	▲470	▲326	392	491	▲73	149	8	▲33
	特別利益	90	0	0	0	0	0	0	
	特別損失	30	0	0	0	149	0	5	
	税引前当期利益(▲損失)	▲410	▲326	392	491	▲222	149	3	▲33
	法人税および住民税等	2	▲15	87	1	7	91	▲1	1
	当期純利益(▲損失)	▲412	▲311	305	490	▲229	58	4	▲34

第5章　親企業の年間拠出金額

（百万円）

湘南	新潟	名古屋	京都	G大阪	C大阪	神戸	広島	福岡	鳥栖	J1総合計	J1平均
2024年3月期	2024年1月期	2024年1月期	2023年12月期	2024年1月期	2024年1月期	2023年12月期	2024年1月期	2024年1月期	2024年1月期		
2,812	3,659	6,303	3,393	6,574	4,868	7,037	4,198	2,874	2,497	93,619	5,201
1,287	1,233	2,738	1,997	2,188	2,741	2,409	1,864	936	982	40,098	2,228
523	847	1,243	599	970	900	1,320	631	618	619	17,293	961
276	322	352	289	321	280	536	315	310	303	6,197	344
62	196	217	135	213	0	256	103	151	62	2,672	148
25	0	0	0	0	182	0	311	0	0	639	36
96	630	634	123	577	225	831	411	265	226	10,012	556
543	431	1,119	250	2,305	540	1,685	563	594	305	16,708	928
2,174	2,129	5,324	2,633	4,649	3,215	6,421	4,128	2,521	2,021	72,464	4,026
1,255	889	2,836	1,838	2,763	2,010	3,800	2,435	1,611	1,016	42,237	2,347
185	268	432	221	429	412	514	301	145	127	6,133	341
171	232	368	226	410	544	385	398	225	206	6,922	385
221	291	377	294	385	0	434	284	193	208	4,997	278
51	0	0	0	0	156	0	312	0	0	923	51
97	449	390	54	477	93	386	310	185	135	7,135	396
194	0	921	0	185	0	902	88	162	329	4,117	229
612	910	791	678	1,386	1,242	1,842	806	445	329	21,538	1,197
26	620	188	82	539	411	▲1,226	▲736	▲92	147	▲383	▲21
8	55	66	33	295	60	81	28	6	79	1,031	57
3	9	33	53	570	68	203	41	3	68	1,191	66
31	666	221	62	264	403	▲1,348	▲749	▲89	158	▲543	▲30
0	0	0	0	0	0	1,400	0	0	0	1,490	83
1	0	0	1	0	0	3	6	0	0	195	11
30	666	221	61	264	403	49	▲755	▲89	158	752	42
6	206	23	31	0	2	18	2	1	31	503	28
24	460	198	30	264	401	31	▲757	▲90	127	249	14

スポンサーは拠出金額ごとに区分されて表示される

「スポンサー収入」の分析基本的な考え方

全体の「スポンサー収入」−親企業以外からの「スポンサー収入」＝親企業からの「スポンサー収入」なので、親企業以外からの「スポンサー収入」を調べることで、親企業からの「スポンサー収入」を推定する方法で進めます。

言い換えると、親企業は「胸スポンサー」になっている場合が多いので、**胸スポンサー以外のすべての「スポンサー収入」を調べる**ことになります。

各クラブHPのスポンサー（パートナー）一覧を参考に推定していきます。本書執筆時点の最新情報である、2023年度のHPの情報を参考にします。

一例として、今回の調査対象外クラブではありますが、徳島ヴォルティス（親企業：大塚製薬）のスポンサー一覧（180〜181ページ）をご覧ください。

契約金額の多い順に区分されています。

同じ区分内においては、左上から右下へ、契約金額の多い順に配置されるのが一般的です。クラブによっては金額順でなく、五十音順になっている場合もあります。前者は区分内での金額差が大きく、後者は小さいと考えられます。区分ごとの下限金額や平均金額は公表されていません。

スポンサー企業は、協業やESG[※]的な協賛も一部あるものの、企業名の露出に対して協賛します。最も大型の商材はユニフォームで、ユニフォームに企業名を掲示する販売部位には、Jリーグの場合、胸・鎖骨・背中上

（以下、背上）、背中下（以下、背裾）、袖、パンツ表、パンツ背面（以下、パンツ裏）の最大8ヶ所があります。

ユニフォームの次の大型商材であるトレーニングウェアの販売部位は、ユニフォームとほぼ一緒です。ただ、ユニフォーム規程に縛られないため、胸や背に大小の複数の企業名が掲示されることがあります。

他の大型商材としては、試合前アップウェアや練習試合ユニフォームやセンターサークルバナーがあります。

なお、親企業の掲示箇所がユニフォーム胸でない場合があります。理由としては胸スポンサー獲得を営業機会としているためと思われます。この場合も同様に、親企業が掲示している部位の金額も含めた上でスポンサー合計金額推定値を出し、公表されているスポンサー収入合計との差を求めます。その差と、親企業掲示部位金額を足し合わせた数字が、親企業からのスポンサー金額と推定できます。今回調べたら、その差がなく、親企業からは「掲示部位だけの拠出」と推定できるケースもありました。

最上位区分は「ユニフォームスポンサー」や「トップスポンサー」という名称が多く、そこから下に、「オフィシャルパートナー」「ゴールドパートナー」「シルバーパートナー」等の名称がつけられます。名称が「スポンサー」か「パートナー」かは、クラブによってまちまちです。

ユニフォームやトレーニングウェアに自治体名の掲示があっても、協賛料を拠出していることは考えづらいので、ここでは考慮しないこととします。

多くのクラブでは、協賛金額100万円が区分の下限になっています。また、100万円以上は企業ロゴがついた形での企業名掲示、100万円未満は企業ロゴがついていない形での企業名掲示になるケースが多いです。

※ESG：環境（Environment）、社会（Social）、企業統治（Goverment）

徳島ヴォルティスのスポンサー一覧

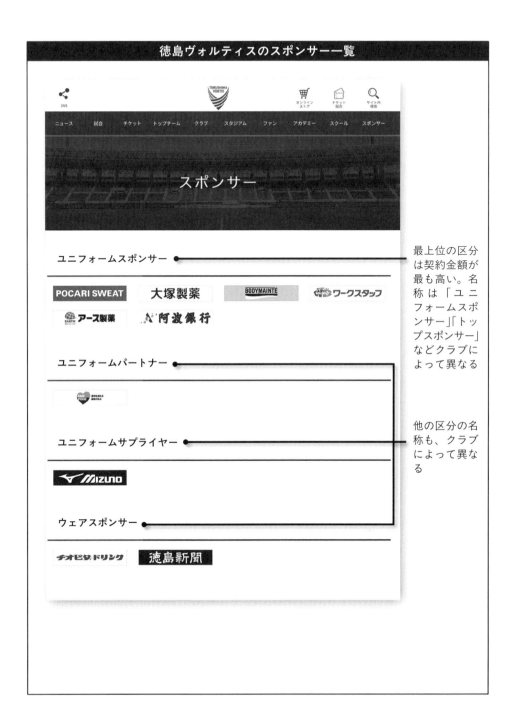

最上位の区分は契約金額が最も高い。名称は「ユニフォームスポンサー」「トップスポンサー」などクラブによって異なる

他の区分の名称も、クラブによって異なる

第5章　親企業の年間拠出金額

オフィシャルスポンサー

オフィシャルスポンサー

同じ区分内では、左上から右下へ契約金額の多い順に配置されている

https://www.vortis.jp/sponsor/sponsor_list/

2,000万円超の商材は限られる

「スポンサー収入」の分析 川崎フロンターレの例

　川崎フロンターレは、2022年まで協賛アイテムとその金額をHPに出しています。現在見ることができるなかで最新のデータである、2022年の資料を参考にします。

https://www.frontale.co.jp/partners/partnership/pdf/kf_partnership2022_all.pdf

　各クラブについては、執筆時点で最新のデータである2023年の公表数字を参考にします。川崎においても2022年の数字から少し変わっている可能性があるかもしれませんが、商材（アイテム）の情報は貴重なので、この情報に基づいて予測を立てていきます。

　最も大きい金額となるユニフォームと、ユニフォーム以外のスポンサー料は、右の通りです。

　ご覧いただくと、やはりユニフォーム以外で2,000万円を超えるアイテムはかなり少ないことがわかります。3,000万円以上のアイテムは、センターサークルバナーとトレーニングウェア（胸）のみで、それぞれ1社ずつですから、最大で2社。2,000万〜2,999万のアイテムはトレーニングウェア（背）、アップシャツ（胸）のみであり、こちらも非常に限られた数であると言えます。

第5章　親企業の年間拠出金額

川崎フロンターレのユニフォームスポンサー料金

部位	金額（円）	部位	金額（円）
胸	親企業のため記載なし	袖	1億
背中（上）	2億5,000万	背中（裾）	1億5,000万
鎖骨（右）	1億5,000万	パンツ（表）	8,000万
鎖骨（左）	1億5,000万	パンツ（裏）	6,000万

ユニフォーム以外のスポンサー料金

部位	金額（円）
センターサークルバナー	3,500万
トレーニングウェア（胸）	3,000万
トレーニングウェア（背）、アップシャツ（胸）	2,000万
ゴール裏看板1列目（両面）、コーナー特大フラッグ	1,500万
トレーニングウェア（袖・鎖骨）、アップシャツ（背・袖・鎖骨）、ゴール裏看板2列目（両面）、育成普及スタッフウェア（胸）、マスコット（胸）、バックスタンド最前列看板、アカデミーユニフォーム（背中）	1,000万
ゴール裏2列目（表）、マスコット（肩）、アカデミーユニ（袖）	700万
選手ベンチ広告、入場ロードサイドスペース	600万
メインスタンドLED看板、ファミリーシート広告、育成普及スタッフウェア（袖、鎖骨）、他	500万
メインスタンド側ピッチ看板、電光掲示板下看板	450万
電光掲示板時計下看板、バックスタンド2階席看板、選手ベンチ広告下、ボランティアウェア、MDP広告	400万
ゴール裏看板3列目（表）、冠試合協賛、ペアシート広告	300万
クラブハウス練習場広告	250万
ゴール裏看板3列目（裏）	150万

「2022シーズン 川崎フロンターレ パートナーシップのご案内」を元に作成

183

3つのステップで親企業以外からの収入を推定する
「スポンサー収入」の分析 実際の計算方法

ここから、親企業以外からのスポンサー収入を推定する方法について説明します。

ステップ1：最も大きい金額であるユニフォーム金額の推定を行う。
ステップ2：スポンサー区分ごとの下限金額を推定する（例：ゴールドパートナーの下限金額は500万円、シルバーパートナーは300万円）。
ステップ3：スポンサー区分内の平均値を推定する（例：ゴールドパートナーの平均金額は540万円、シルバーパートナーは350万円）。

ステップ3の平均値に社数を掛けることで、区分ごとの合計値を算出します。区分ごとの合計値を足し合せた数字（＝親企業以外からのスポンサー収入）と全体スポンサー収入の差が、親企業からのスポンサー収入になります。

▶ステップ1：ユニフォーム金額

川崎に対する掛け目を推定し、適用します。クラブのブランド・地域性に加え、部位による人気も考慮します。川崎市は首都圏に位置し、ブランド力はリーグでトップクラスです。よって多くのクラブは川崎ほどのユニフォーム金額を得られていないと考え、クラブごとに以下のベース金額（掛け目）を適用します。単位は億円。

【ベース金額Ⅰ】川崎×80％
背上2.0／鎖骨片側1.2／背裾1.2／袖0.8／パンツ表0.64／パンツ裏0.48

第5章　親企業の年間拠出金額

【ベース金額Ⅱ】川崎×50%

背上1.25／鎖骨片側0.75／背裾0.75／袖0.5／パンツ表0.4／パンツ裏0.3

【ベース金額Ⅲ】人気アイテム（背上と鎖骨）は川崎×50%＋それ以外は
　　川崎×30%

背上1.25／鎖骨片側0.75／背裾0.45／袖0.3／パンツ表0.24／パンツ裏0.18

【ベース金額Ⅳ】人気アイテム（背上と鎖骨）は川崎×30%＋それ以外は
　　川崎×20%

背上0.75／鎖骨片側0.45／背裾0.3／袖0.2／パンツ表0.16／パンツ裏0.12

▶ステップ2：区分ごとの下限金額

　各協賛企業は、クラブHPのスポンサー欄のいずれかの区分に社名が掲示されます。区分数や区分金額帯は、各クラブが任意で設定しています。先ほどの徳島のケースでは、「ユニフォームパートナー」の下に「ユニフォームサプライヤー」「オフィシャルスポンサー」と続きます。ユニフォーム協賛企業は通常、トップカテゴリーの区分に位置付けられます。

　各金額区分における金額帯（下限金額）の推定は、難易度が非常に高く、推定するための材料が必要になります。

　1つ参考になるのは、ナショナル企業の位置です。リーグ冠パートナー（明治安田）、自動販売機サプライヤー（コカ・コーラ等）、旅行会社（西鉄旅行等、チームの移動協力会社）といった企業は、多くのクラブに協賛しており、本業への貢献度によって拠出金額に差はありながらも、その差は一定範囲内に収まっていると推定できます。また、ホームタウンの後背人口や人気により本業貢献度の予想がつきやすいので、これらの企業がどの区分に位置するかは参考になるでしょう。

　ただ、それでもなお、この下限金額は想像がつきづらいので、わかりづ

185

川崎の区分内平均値	
3,000万円以上	3,250万円
2,000万～2,999万円	2,000万円
1,000万～1,999万円	1,150万円
1,000万～2,999万円	1,170万円
500万～999万円	540万円
150万～499万円	285万円
150万～999万円	339万円
300万～999万円	400万円
300万～799万円	400万円
300万～499万円	350万円
200万～499万円	330万円
200万～299万円	240万円

らい場合は複数の予想を立てていきます。高い下限金額を用いる場合には区分合計値が高くなるので「高いレンジ」、低い場合には「低いレンジ」と示します。

▶ステップ3：区分ごとの平均金額

区分金額帯が決まると、その金額帯における平均値を出し、社数を掛けることで区分合計金額を求めることにします。

ここでは、各金額帯における区分平均値をあらかじめ出しておき、クラブごとに適用していくことにします。

まず、川崎がHPに出している各商材（アイテム）では、販売可能社数

区分内平均値

3,000万円以上	3,000万円
2,000万～2,999万円	2,000万円
1,000万～1,999万円	1,150万円
1,000万～2,999万円	1,170万円
500万～999万円	540万円
300万～999万円	400万円
300万～799万円	400万円
300万～499万円	350万円
200万～499万円	275万円
200万～299万円	225万円
100万～999万円	300万円
100万～499万円	250万円
100万～299万円	150万円
100万～199万円	125万円

もほぼわかるようになっているので、すべて販売できているとの前提で、区分内平均値を出してみました。

　この数字を基に、各クラブに適用する「金額帯ごとの平均値」を作りました。川崎の数字を基本にして、少し変えています。ここでは結論を示し、計算根拠は後ろの補足で示します。

　これらの数字を区分内平均値として全クラブに適用します。

　以上の１～３により、親企業以外のスポンサー収入を出し、全体の「スポンサー収入」からマイナスすることで、親企業の拠出金額を推定します。

「その他収入」は移籍金に左右される

「その他収入」の分析

　次に、「その他収入」の分析に移ります。先ほど示した「その他収入」に入る項目は、変動性の高いものと低いものに分かれます。親企業からの補填金を除くと、前者には賞金・移籍金があり、それ以外は後者になります。賞金が得られるクラブは限定的なので、毎年の「その他収入」の変動は、移籍金に影響されると言えるでしょう。

　本書ではまず、親企業がない、あるいはあっても影響力が少ないクラブに注目しました。それらのクラブは、賞金と親企業からの補填金がないので、変動要因の中心はほぼ移籍金になります。したがって、「その他収入」が最も少ない年は移籍金収入が最も少ない（場合によってはゼロ）年と推定できるため、その値はそのクラブの「その他収入」の「固定的な基礎値（以下、基礎値）」と言えます。また、「その他収入」の平均値から基礎値を引くと、そのクラブの移籍金収入の平均値が類推できます。
　「その他収入」の基礎値も移籍金収入も、親企業のあるクラブとそれ以外で、それぞれ性質は似ています。よってそれらの金額は、クラブ規模の大小にある程度比例すると考えられます。

　ここから、実際に調べてみましょう。
　代表的なクラブとして、鳥栖、新潟、仙台、大分、松本を取り上げます。過去10年間の「その他収入」を並べてみました。

▶「その他収入」の基礎値と平均値

　「その他収入」の基礎値は、鳥栖1.45億、新潟1.36億、仙台1.8億、大分0.93

第5章　親企業の年間拠出金額

5クラブの「その他収入」の推移

単位：百万円

	2014	2015	2016	2017	2018	2019	2020	2021	2023	2024
鳥栖	267	426	145	441	630	279	328	507	468	305
新潟	710	379	491	176	187	240	358	136	226	431
仙台	368	378	294	200	279	250	194	249	214	180
大分	127	93	168	124	166	217	179	412	271	353
松本	353	410	196	134	304	221	198	252	119	153

億、松本1.19億円。5クラブ平均で1.346億円となりました。基礎値は売上高に比例する傾向があるとすると、親企業が存在するクラブは売上高および諸々の収入の絶対値が高いので、2023年の**「その他収入」の基礎値を2億円と設定**します。

　「その他収入」の平均値は、鳥栖3.796億、新潟3.334億、仙台2.606億、大分2.11億、松本2.34億円。

189

よって、移籍金平均推定値は、鳥栖2.346億、新潟1.974億、仙台0.806億、大分1.18億、松本1.15億円。5クラブ平均で1.491億円となりました。

　特に、この期間でずっとＪ１に所属していた鳥栖の移籍金収入平均推定値2.346億円は、他のＪ１クラブの移籍金収入を考えるうえで参考になると考えます。親企業のあるクラブは育成への投資や若手高額選手も多いため、鳥栖より平均値は高いと考え、2023年の**移籍金平均値を３億円と設定**します。

　以上より、**その他収入が５億円を超えているクラブは親企業からの補填の可能性がある**と考えられるかと思います。

　親企業クラブでも同様に考えます。2023年の「その他収入」から、個別要素（賞金・アカデミー・指定管理等）をマイナスし、さらに５億円（基礎値＋移籍金）をマイナスすることで、親企業からの補填推定金額が算出できると考えます。

　以上より、「『スポンサー収入』における親企業からの拠出推定金額」と「『その他収入』における親企業からの補填推定金額」が得られます。それを足し合わせることで、親企業からの拠出金額合計を推定します。

▶各クラブの親企業およびグループ企業からの拠出金額：結論
　親企業およびグループ企業からの推定拠出金額帯は、右の表のようになりました。なお、繰り返しになりますが、あくまで推定値であることを申し上げておきます。

第5章　親企業の年間拠出金額

親企業およびグループ企業からの拠出金額

（単位：億円）

クラブ	推定金額	クラブ	推定金額
札幌	6.713〜7.7513	磐田	17.6025〜17.6825
鹿島	8.5〜10.5	名古屋	15.552〜16.496
浦和	11.188〜16.028	京都	9.698〜10.811
柏	22.856〜24.79	C大阪	13.883〜14.383
FC東京	7.477〜9.127	G大阪	18.9575〜21.9895
川崎	17.6711〜22.1411	神戸	23.7375〜24.9425
横浜FM	10.738	広島	8.092〜9.732
横浜FC	8.386〜10.626	福岡	0.1〜0.15
湘南	0.85	鳥栖	0.3
清水	17.412〜17.902		

　次ページから、クラブごとの計算根拠を示します。冒頭のサガン鳥栖のみ、説明とともに記載します。

　札幌以降は、詳細は補足（219ページ〜）で説明することとし、本文では表を中心に結論だけを示します。

191

サガン鳥栖：ベストアメニティ社

▶「その他収入」による補填

先述の説明から、親企業からの「その他収入」項目での補填はなしと考えます。「特別利益」もありません。

▶「スポンサー収入」：ユニフォーム

ユニフォームは8部位すべて埋まっています。地方クラブであること、全体の広告料収入から、「ベースⅣ」で考えます。

胸スポンサーは、親会社以外の企業。地方クラブ、全体の広告料収入から、2億円と推定します。

胸2.0／背上0.75／鎖骨片側0.45×2／背裾0.3／袖0.2／パンツ表0.16／パンツ裏0.12（以上、単位：億円）＝区分合計4.43億円

▶「スポンサー収入」：区分下限金額

アイテムごとにスポンサーが区分されていてわかりやすいので、最初にこのクラブを取り上げました。

「ユニフォームスポンサー」の次の「トップチーム練習着スポンサー」の下限を、仮に1,000万円とします。

それに伴い、「スタジアムスポンサー」の下限を500万、「LEDスポンサー」の下限は300万、「横断幕スポンサー」の下限は200万、「アカデミースポンサー」の下限は100万と仮定します。またアカデミースポンサーの下の区分である「ベンチ広告およびオフィシャルスポンサー」、同列に並ぶ21社のスポンサーは、アカデミースポンサーとロゴの大きさが同じであることから、すべてアカデミースポンサーと下限金額が同じ（100万円）と考えられます。

区分内の企業名は、アイウエオ順でなく金額順で表示されています。

第5章　親企業の年間拠出金額

サガン鳥栖のホームページ

https://www.sagan-tosu.net/sponsor/official/

193

▶「スポンサー収入」：区分平均金額

《トップチーム練習着スポンサー》13社

先の平均値を適用。下限を1,000万とした場合、1,150×13＝1.495億円（区分合計）。

下限が1,000万より少し低い可能性もあります。その場合、1,000万未満スポンサーも1,000万以上スポンサーも存在するため、平均値を1,000万円と仮定して、区分合計1.3億円とします。

以下、単位を億円とします。

《スタジアムスポンサー》33社

500万円以上の協賛になり、平均540万円として区分合計1.782。

《LEDスポンサー》11社

300万〜499万円の協賛になり、平均350万円として区分合計0.385。

《ピッチスポンサー》35社

200万〜299万円の協賛になり、平均225万円として区分合計0.7875。

《横断幕スポンサー》72社

以下は100万〜199万円の協賛になり、平均125万円として区分合計0.9。

《ベンチ広告、オフィシャル、その他》26社

横断幕スポンサーと同じ金額の場合、125万×26＝区分合計0.325。

少し金額が下がる場合、一律100万円として×26＝区分合計 0.26。

▶合計金額

上記を合計します（ユニフォームは「ユニ」と省略）。

高いレンジ：ユニ4.43＋トップチーム練習着1.495＋スタジアム1.782＋LED 0.385＋ピッチ0.7875＋横断幕0.9＋その他0.325＝10.1045億円

低いレンジ：4.43＋1.3＋1.782＋0.385＋0.7875＋0.9＋0.26＝9.8445億円

スポンサー収入合計9.82億円と、ほぼ一致します。最初に立てた仮定がほぼ正しいと推定でき、この仮定の数字をそのまま推定値とします。

第5章　親企業の年間拠出金額

親企業推定拠出金額

親企業は背裾に掲示しているため、**3,000万円と推定**

	区分	レンジ	下限金額 （万円）	平均金額 （万円）	社数	合計 （億円）
ユニフォーム	IV				7	4.43
区分下限・平均 （区分名は省略。 上から順に1、2、3… と表記）	1	高	1,000	1,150	13	1.495
		低	1,000弱	1,000	13	1.3
	2		500	540	33	1.782
	3		300	325	11	0.3575
	4		200	225	35	0.7875
	5		100	125	72	0.9
	6	高	100	125	26	0.325
		低	100	100	26	0.26
サプライヤー						NA
以上合計①						9.8445～10.1045
スポンサー収入 （全体）②						9.82
①②の差額						ほぼなし
その他収入						0
親企業グループ						NA
親企業合計金額					ユニフォーム背裾　0.3億円	

※本章で取り上げる各クラブの数値は、特別な記載がない限り、2023年12月時点の
　ホームページ掲載情報をもとに試算しています。

▶ユニフォームサプライヤーについて

　アディダス、プーマ、ナイキ等の大手スポーツメーカーは、選手が着用するユニフォームやトレーニングウェアを無償サプライしています。通常のケースは、メーカーがクラブと専属契約することによりレプリカユニフォームの独占販売の権利を得て、レプリカユニフォームの販売金額に応じて、チームへの無償サプライ金額が決まります。

　物品サプライ金額が大きいため、協賛区分の最上位に来る場合が多いのですが、サプライに加えた現金協賛はほとんどありません。

　ただし人気クラブにおいては、お金を拠出する場合があります。これはメーカーの判断になり、どのクラブが拠出を受けているかはわかりません。レプリカユニフォームの販売金額が決め手になるので、平均入場者数が多いクラブと想定し、2023年度平均入場者数が2万人以上のクラブで拠出が発生していると本書では考えます。川崎はギリギリ2万人なので、含めます。

　一般にメーカーの営業利益は上代の20％と言われており、スポーツのレプリカユニフォームに適用するなら、1枚1.8万円に対し3,600円が営業利益になるため、1万枚販売したら3,600万円の利益になります。関連する商品も多数あり、メーカーの場合はクラブより営業利益率が高いため、粗い計算となりますが、平均入場者数が2万人を超えているC大阪・G大阪・神戸・鹿島・川崎は3,000万円、2.5万人を超えているFC東京・横浜F・名古屋は4,000万円、浦和はナイキ社と4年総額16億円の契約をしているとの報道があり（2006年11月2日報知新聞）、1億円の現金拠出があると推定します。サプライヤーは、スポンサー企業から外して別に計算していきます。

第5章　親企業の年間拠出金額

2 北海道コンサドーレ札幌：石屋製菓

	区分	レンジ	下限金額 （万円）	平均金額 （万円）	社数	合計 （億円）
ユニフォーム	II				4	3.25
区分下限・平均 （区分名は省略。 上から順に1、2、3… と表記）	1		5,000	5,000	4	2
	2	高	1,000	1,250	16	2
		低	1,000	1,150	16	1.84
	3	高	500	540	75.5	5.967
			100	250	75.5	
		低	500	540	45.3	5.0887
			100	250	105.7	
	4					0.3
サプライヤー						NA
以上合計①						12.4787〜13.517
スポンサー収入 （全体）②						19.33
①②の差額						5.813〜6.8513
特別利益						0.9
親企業グループ						NA
親企業合計金額						**6.713〜7.7513億円**

※ユニフォームの社数は親企業が胸スポンサーである場合、除く
※詳細は219ページ

鹿島アントラーズ：メルカリ

	区分	レンジ	下限金額 (万円)	平均金額 (万円)	社数	合計 (億円)
ユニフォーム	Ⅰ				7(含む親)	13.4～14.4
区分下限・平均 (区分名は省略。 上から順に1、2、3… と表記)	1	高	3,000	3,000	8	2.4
		低	2,000	2,000	8	1.6
	2	高	1,000	1,250	47	5.875
		低	1,000	1,150	47	5.405
	3		300	300	76	2.28
サプライヤー						0.3
以上合計①						22.985～25.255
スポンサー収入 (全体) ②						24.18
①②の差額						ほぼなし
その他収入						5.5～7.5
親企業グループ						0
親企業合計金額			ユニフォーム袖+その他収入　8.5～10.5億円			

※詳細は220ページ

4 浦和レッズ：三菱重工

	区分	レンジ	下限金額 （万円）	平均金額 （万円）	社数	合計 （億円）
ユニフォーム	Ⅰ×1.5				7（含む親）	19.1
区分下限・平均 （区分名は省略。 上から順に1、2、3… と表記）	1	高	5,000	5,000	2	1
		低	3,000	3,000	2	0.6
	2	高	プラクティスウェア		7	3
		低			7	2
	3	高	3,000	3,000	25	7.5
		低	2,000	2,000	25	5
	4	高	1,000	1,250	20	2.5
		低	1,000	1,150	20	2.3
	5		500	540	38	2.052
	6		100	100	26	2
サプライヤー						1
以上合計①						34.052～38.152
スポンサー収入 （全体）②						42.23
①②の差額						4.078～8.178
その他収入						NA
親企業グループ						7.11～7.85
親企業合計金額						**11.188～16.028億円**

※親企業は、ユニフォームについては背上に掲示
※詳細は221ページ

柏レイソル：日立製作所

区分		レンジ	下限金額（万円）	平均金額（万円）	社数	合計（億円）
ユニフォーム	Ⅱ				4	3.05
区分下限・平均 （区分名は省略。 上から順に1、2、3… と表記）	1	高	3,000	3,000	3	0.9
		低	2,000	2,000	3	0.6
	2					0.45
	3	高	500	540	76	4.104
		低	300	325	76	2.47
サプライヤー						0
以上合計①						6.57〜8.504
スポンサー収入（全体）②						31.11
①②の差額						22.606〜24.54
その他収入						NA
親企業グループ						0.25
親企業合計金額						**22.856〜24.79億円**

※詳細は223ページ

第5章　親企業の年間拠出金額

6 FC東京：ミクシィ

	区分	レンジ	下限金額 （万円）	平均金額 （万円）	社数	合計 （億円）
ユニフォーム	Ⅰ×1.5				4	9.45
区分下限・平均 （区分名は省略。 上から順に1、2、3… と表記）	1	高	10,000	10,000	2	2
		低	5,000	5,000	2	1
	2	高	川崎の1.5倍		13	1.95
		低	川崎と同じ		13	1.3
	3		2,000	2,000	12	2.4
	4		1,000	1,150	21	2.415
	5		500	540	42	2.268
サプライヤー						0.4
以上合計①						19.233〜20.883
スポンサー収入 （全体）②						28.36
①②の差額						7.477〜9.127
その他収入						NA
親企業グループ						NA
親企業合計金額						**7.477〜9.127億円**

※詳細は225ページ

7 川崎フロンターレ：富士通

	区分	レンジ	下限金額 （万円）	平均金額 （万円）	社数	合計 （億円）
区分下限・平均 （区分名は省略。 上から順に1、2、3… と表記）	1	高	6,000		7	12.55
		低	2,500		7	8.91
	2		2,000	2,000	22	4.4
	3		1,000	1,150	16	1.84
	4		500	339	81	2.7459
	5					1.148
サプライヤー						0.3
以上合計①						19.3439〜22.9839
スポンサー収入 （全体）②						34.52
①②の差額						11.5361〜15.1761
その他収入						5.34〜5.84
親企業グループ						0.795〜1.125
親企業合計金額						**17.6711〜22.1411億円**

※詳細は226ページ

第5章　親企業の年間拠出金額

横浜F・マリノス：日産自動車

	区分	レンジ	下限金額 （万円）	平均金額 （万円）	社数	合計 （億円）
ユニフォーム	Ⅰ				3	6.1
区分下限・平均 （区分名は省略。 上から順に1、2、3… と表記）	1		1,000		23	3.6
	2		500	540	37	1.998
サプライヤー						0.4
以上合計①						12.098
スポンサー収入 （全体）②						22.22
①②の差額						10.122
その他収入						NA
親企業グループ						0.616
親企業合計金額						**10.738億円**

※ユニフォームの掲示箇所は親企業を除き4ヶ所、ただし社数は3社
※詳細は228ページ

203

横浜FC：ONODERA GROUP

	区分	レンジ	下限金額(万円)	平均金額(万円)	社数	合計(億円)
区分下限・平均 (区分名は省略。 上から順に1、2、3… と表記)	1	高	2,400	NA	8	3.12
	1	低	1,800	NA	8	2.88
	2		800	1,250	12	1.37
	3		300	415	76	3.154
	4		100	150	34	0.51
サプライヤー						NA
以上合計①						7.914〜8.154
スポンサー収入 (全体)②						15.28
①②の差額						7.126〜7.366
その他収入						1〜3
親企業グループ						NA
親企業合計金額						8.386〜10.626億円

※詳細は229ページ

第5章　親企業の年間拠出金額

10 湘南ベルマーレ：RIZAP

	区分	レンジ	下限金額 （万円）	平均金額 （万円）	社数	合計 （億円）
ユニフォーム	II				6（含む親）	6〜6.5
区分下限・平均 （区分名は省略。 上から順に1、2、3… と表記）	1		1,000		14	1.5
	2		100	325	165	5.3625
サプライヤー						NA
以上合計①						12.8625
スポンサー収入 （全体）②						12.87
①②の差額						ほぼなし
特別利益						NA
親企業グループ						NA
親企業合計金額		鎖骨右＋トレーニングウェア背　0.85億円				

※詳細は231ページ

清水エスパルス：鈴与

	区分	レンジ	下限金額（万円）	平均金額（万円）	社数	合計（億円）
ユニフォーム	Ⅲ				6	3.74
区分下限・平均（区分名は省略。上から順に1、2、3…と表記）	1	高	5,000	5,000	1	0.5
		低	3,000	3,000	1	0.3
	2	高	3,000	調整済	2	0.66
		低	2,000	2,000	2	0.4
	3	高	1,000	1,170	14	1.638
		低	1,000	1,150	14	1.61
	4		100	300	164	4.92
	5			30	115	0.345
サプライヤー						NA
以上合計①						11.315〜11.803
スポンサー収入（全体）②						29.1
①②の差額						17.297〜17.785
その他収入						NA
親企業グループ						0.115〜0.117
親企業合計金額						**17.412〜17.902億円**

※詳細は232ページ

第5章 親企業の年間拠出金額

 ジュビロ磐田：ヤマハ発動機

	区分	レンジ	下限金額 (万円)	平均金額 (万円)	社数	合計 (億円)
ユニフォーム	Ⅲ				3	1.75〜1.83
区分下限・平均 (区分名は省略。 上から順に1、2、3… と表記)	1		3,000	3,000	3	0.9
	2		1,000	1,170	9	1.053
	3		500	540	13	0.702
	4		300	350	86	3.01
	5		100	150	112	1.68
	6					0.2165
サプライヤー						NA
以上合計①						9.3115〜9.3915
スポンサー収入 (全体)②						26.75
①②の差額						17.3585〜17.4385
その他収入						NA
親企業グループ						0.244
親企業合計金額						17.6025〜17.6825億円

※詳細は233ページ

名古屋グランパス：トヨタ自動車

	区分	レンジ	下限金額 (万円)	平均金額 (万円)	社数	合計 (億円)
ユニフォーム	Ⅰ				7	9.4
区分下限・平均 (区分名は省略。 上から順に1、2、3… と表記)	1	高	5,000		3	1.5
		低	3,000		3	0.9
	2	高	1,000	1,250	17	2.125
		低	1,000	1,170	17	1.989
	3		500	540	31	1.674
	4		100	250	110	2.75
サプライヤー						0.4
以上合計①						17.113〜17.849
スポンサー収入 (全体) ②						27.38
①②の差額						9.531〜10.267
その他収入						3
親企業グループ						3.021〜3.229
親企業合計金額						15.552〜16.496億円

※詳細は235ページ

第5章 親企業の年間拠出金額

 京都サンガF.C.：京セラ

	区分	レンジ	下限金額（万円）	平均金額（万円）	社数	合計（億円）
ユニフォーム	Ⅱ				6	4.4
区分下限・平均 （区分名は省略。 上から順に1、2、3… と表記）	1	高	2,000	2,000	11	2.2
		低	1,000	1,170	11	1.287
	2		500	540	16	0.864
	3		100	250	101	2.525
	4					0.483
サプライヤー						NA
以上合計①						9.559〜10.472
スポンサー収入 （全体）②						19.97
①②の差額						9.498〜10.411
その他収入						NA
親企業グループ						0.2〜0.4
親企業合計金額						**9.698〜10.811億円**

※詳細は236ページ

セレッソ大阪：ヤンマー

	区分	レンジ	下限金額 （万円）	平均金額 （万円）	社数	合計 （億円）
ユニフォーム	II				6	5.15〜5.65
区分下限・平均 （区分名は省略。 上から順に1、2、3… と表記）	1		5,000	5,000	4	2
	2		2,000	2,000	4	0.8
	3		1,000	1,170	13	1.521
	4		500	540	24	1.296
	5		300	350	56	1.96
サプライヤー						0.3
以上合計①						13.027〜13.527
スポンサー収入 （全体）②						27.41
①②の差額						13.873〜14.373
その他収入						NA
親企業グループ						NA
親企業合計金額						13.883〜14.383億円

※詳細は237ページ

16 ガンバ大阪：パナソニック

	区分	レンジ	下限金額（万円）	平均金額（万円）	社数	合計（億円）
ユニフォーム	I				4	4.85〜5.2
	1	高	3,000		4	1.2
		低	2,000		4	0.8
	2	高	1,000	1,170	21	2.457
		低	1,000	1,150	21	2.415
	3	高	500	540	22	1.188
		低	300	400	22	0.88
	4	高	300	350	27	0.945
		低	200	225	27	0.6075
	5	高	100	250	19	0.475
		低	100	150	19	0.285
サプライヤー						0.3
以上合計①						11.1375〜12.665
スポンサー収入（全体）②						21.88
①②の差額						9.215〜10.7425
その他収入						8.7〜10.05
親企業グループ						0.1425〜0.197
親企業合計金額						**18.9575〜21.9895億円**

※ユニフォームについては親企業がユニフォーム胸と鎖骨片側に掲示
※詳細は238ページ

17 ヴィッセル神戸：楽天

	区分	レンジ	下限金額 （万円）	平均金額 （万円）	社数	合計 （億円）
ユニフォーム	Ⅲ				6	3.74〜4.4
区分下限・平均 （区分名は省略。 上から順に1、2、3… と表記）	1		3,000	3,000	8	2.4
	2		2,000	2,000	8	1.6
	3		1,000	1,150	18	2.07
	4		500	540	51	2.754
	5	高	300	350	68	2.38
		低	200	275	68	1.87
	6	高	100	150	14	0.21
		低	100	125	14	0.175
	7					0.1685
サプライヤー						0.3
以上合計①						15.0775〜16.2825
スポンサー収入 （全体）②						24.09
①②の差額						7.8075〜9.0125
特別利益						14
親企業グループ						1.93
親企業合計金額						**23.7375〜24.9425億円**

※詳細は240ページ

第5章　親企業の年間拠出金額

18 サンフレッチェ広島：エディオン

	区分	レンジ	下限金額 （万円）	平均金額 （万円）	社数	合計 （億円）
ユニフォーム	Ⅲ				5	3.24〜 4.74
区分下限・平均 （区分名は省略。 上から順に1、2、3… と表記）	1		1,000	1,150	12	1.38
	2		500	540	32	1.728
	3		300	350	25	0.875
	4		100	150	99	1.485
	5	高		50	68	0.34
		低		30	68	0.2
サプライヤー						なし
以上合計①						8.908〜10.548
スポンサー収入 （全体）②						18.64
①②の差額						8.092〜9.732
その他収入						NA
親企業グループ						NA
親企業合計金額						**8.092〜9.732億円**

※詳細は242ページ

アビスパ福岡：APAMAN

	区分	レンジ	下限金額（万円）	平均金額（万円）	社数	合計（億円）
ユニフォーム	Ⅳ				6	4.01〜4.51
区分下限・平均（区分名は省略。上から順に1、2、3…と表記）	1		1,000	1,150	2	0.23
	2		300	400	99	3.96
	3		200	225	10	0.225
	4		100	125	27	0.3375
サプライヤー						NA
以上合計①						8.7625〜9.2625
スポンサー収入（全体）②						9.36
①②の差額						ほぼなし
その他収入						NA
親企業グループ						NA
親企業合計金額	オフィシャルプレミアムパートナー0.1〜0.15億円					

※詳細は243ページ

他の主だったクラブに、町田・東京V・長崎があります。ページ数の限界もあるため詳細分析はしませんが、以下の公表数字をご覧ください。

町田（2018年からサイバーエージェントにオーナーチェンジ）

年度	2023	2022	2021	2020	2019	2018	2017	2016
スポンサー収入	2,656	1,479	1,099	937	666	370	343	299

2018年まで2～3億円台だったスポンサー収入が、大きく増えている。

長崎（2017年からジャパネットにオーナーチェンジ）

年度	2023	2022	2021	2020	2019	2018	2017	2016
スポンサー収入	1,240	1,335	1,240	1,182	1,557	1,183	539	359
特別利益	1,470	950	1,029	830	0	0	0	0

スポンサー収入も増えているが、2020年から特別利益を出している。

東京V（2020年末にゼビオが筆頭株主に）

年度	2023	2022	2021	2020	2019	2018	2017	2016
スポンサー収入	343	560	942	672	911	847	779	667
その他収入	1,255	533	227	314	417	440	267	230

2023年からその他収入が大きく伸び、スポンサー収入が減っている。

補足　区分内平均値の計算根拠

　クラブごとにスポンサー区分が作られており、その区分ごとの平均値を求め、社数を掛けることで区分内合計値が求められます。区分内平均値については、川崎をモデルクラブとして、川崎の区分内平均値を他のクラブにも適用することで進めます。一例をとると、300万円から499万円の価格帯には300万円に4アイテム、400万円に5アイテム、450万円に2アイテムがそれぞれ39社、20社、7社あります。よって全アイテム販売できているとして、平均値は（300×39＋400×20＋450×7）万円÷66社＝（11,700＋8,000＋3,150）万円÷66社＝約350万円となります。

　ただ、金額レンジごとに平均値の基準を作り適用するうえで、補正したい点があります。

① 　区分の拠出平均値は、区分の中間数値より低くなる傾向があります。例えば、500万円が下限、999万円が上限と推定できる場合、その区分の拠出平均値はいくらでしょうか。直感的には、区分の中間数値（749.5万円）よりも低い値となると思われます。理由は、スポンサーメリットには露出以外のメリット（例えば、区分Aなら1試合チケット10枚、Bなら6枚、Cなら2枚を進呈。区分AとBならクラブエンブレムとクラブロゴ使用権あり、等々）がセットになっており、企業には露出と同様そちらも大事になるため、下限金額を払うことで一定の露出を得たうえで、その区分における露出以外のメリットを得ると費用対効果が高くなります。よって、平均値は中間数値より低くなる傾向が生まれます。

② 　好きなアイテムに応じて協賛金額が決まるより、協賛可能な金額が企業によって決まっている場合が多く、「出すならこのくらいまで」という相場観を持つ場合が少なくありません。だいたいの場合において、100万、300万、500万、1,000万、2,000万円というキリのよい数字でイメージする企業が多く、総じてこれらの数字は区分の下限金額になっている場合が多いです。また、クラブ側も、より上位区分での拠出をお願いしたいため、平均値より上の金額設定には消極的になります。例えば100万〜999万の区分の場合、200万、300万、500万の金額設定はあっても、それ以上の設定は少ないです。800万円を出せる企業は1,000万円を出せる可能性が高いので、クラブからすると800万円の金額帯を作ることで、1,000万円に増額になる機会を損失する可能性があり、また企業側も800万円を出しても同区分内におけるメリットは大きく変わりません。川崎は150万円から999万円の区分と予想され、その区分における600万円以上の金額設定は、800万円が1社、700万円が2社、600万円が3社のみとなっています。ファジアーノ岡山は、2023年においては100万〜999万の区分と

しており、100万、200万、300万のアイテムが中心のため、本区分における協賛社の拠出平均値は280万円です。川崎の平均値を参考にしながらも、このような傾向との整合を考え、平均値は補正しました。大雑把に考えて、区分内を4段階に分けると、平均値は最下部に位置する可能性が高いと思われます。

③　2,000万円以上の大型商材は極めて少ないです。ユニフォームスポンサー以外で2,000万円以上を拠出する場合、親企業との関係性から出す（親企業から頼まれて出す）か、クラブとのコラボ商品キャンペーンや協業系の協賛が多くなります。また、5,000万、3,000万、2,000万円等、キリのいい数字での拠出が多く、その金額の枠内で複数の商材を組み合わせる場合もあります。よって、平均値はキリのいい数字にします。

④　川崎の事例において、掲示可能企業数と実際の企業数が異なる可能性があります。例えば、ゴール裏1列目看板は掲示可能数が16社になっていますが、映像で確認すると18社です。2列目はその逆で掲示可能数に達していません。すべてを確認することはできないため、本書では掲示可能数で考えることにします。また。川崎が決めているアイテムの金額の偏りが反映される可能性があります。例えば先ほどの表を見ても、川崎は400万円、250万円のアイテムが多く、200万円のアイテムが少ないため、補正します。

⑤　他のクラブではHPにロゴが掲示できる下限金額は100万円以上が多く、かつ100万円は区切りのいい数字でボリュームゾーンです。川崎の場合、100万円の商材が小規模スポンサー（10万～100万円カテゴリー）に属しており、下限金額が100万円となる区分の平均値が正確に得られない可能性があります。よって、こちらも私の主観が多少入ってしまいますが、独自の平均値基準を示し補正しています。川崎の150万～999万の平均値が339万円で、仮に100万円協賛社が30社加わったとすると平均値が295万円になるため、100万～999万円の平均値を300万円としました。

これ以降は各クラブの補足になります。非常に細かいので読み飛ばしていただいてかまいません。なお、ここからは言い切り調に変更します。

区分内平均値の考え方

3,000万円以上	：3,000万円
2,000万〜2,999万円	：2,000万円
1,000万〜1,999万円	：1,150万円（川崎の平均値）
1,000万〜2,999万円	：1,170万円（川崎の平均値）
500万〜999万円	：540万円（川崎の平均値）
300万〜999万円	：400万円（川崎の平均値）
300万〜799万円	：400万円（川崎の平均値）
300万〜499万円	：350万円（川崎の平均値。4等分した最下部と一致）
200万〜499万円	：275万円（川崎は400万台のアイテムが多いため平均値が高い。4等分した最下部とする）
200万〜299万円	：225万円（川崎は250万台のアイテムが多いため平均値が高い。4等分した最下部とする）
100万〜999万円	：300万円
100万〜499万円	：250万円（他クラブは300万のアイテムが多い。4等分した最下部である200万より大きくする）
100万〜299万円	：150万円（4等分した最下部）
100万〜199万円	：125万円（4等分した最下部）

これらの数字を区分内平均値として適用します。

第5章　親企業の年間拠出金額

197ページ　札幌

●特別利益による補填
・2020年より「特別利益」を計上。2023年まで順に0.87億、3億、1.44億、0.9億円。親企業からの補填と推定。

●その他収入による補填

（単位：百万円）

年度	2023	2022	2021	2020	2019	2018	2017
金額	563	719	719	408	510	440	288

・2020年までは「その他収入」が5億円に到達しておらず、補填がなかったと想像する。
・2021年、2022年、2023年に5億円を超えている。ただ大きく超えておらず、また、「特別利益」と別に補填をしているとは考えづらく、「その他収入」における補填はなしで考える。
・以下のクラブからは、「特別利益」が存在する場合には「その他収入」からの補填はなしとして考えていく。

●スポンサー収入

（単位：百万円）

年度	2023	2022	2021	2020	2019	2018	2017
金額	1,933	1,488	1,445	1,736	1,440	1,306	1,070

・スポンサー収入が2020年の17.36億→14.45億→14.88億→19.33億円と、コロナで大きく減少、2023年から増加。親企業の業態を考えると2023年から業績回復に伴う支援の増大があった可能性がある。他方で、「特別利益」はコロナ下においても存在。

●スポンサー収入：ユニフォーム
・地域的な比較対象として福岡や広島が挙げられるものの、スポンサー収入が福岡の2倍近くあるため、ユニフォーム収入のベースについてはベースⅡで考える。背上1.25　鎖骨片側0.75　背裾0.75　袖0.5＝3.25億円

●スポンサー収入：区分下限金額
《オフィシャルトップパートナー》
・下限金額はHPに記されており5,000万円以上。金額順。
《オフィシャルパートナー》
・HP上で1,000万円以上と示されており、金額レンジは1,000万〜4,999万円
・オフィシャルパートナーの1社がトレーニングウェアのパンツ表に掲示。川崎との比較で本部位の金額は1,000万円の可能性が高いと思われる。その企業はHPで区分内のちょうど中央。よって、少なくとも半分の企業は1,000万円以上の拠出と想像できるが、1,000万円がほとんどなのか、1,000万円超企業が半分以上あるかの推定が難しい。また上限が4,999万円のため川崎の平均値が適用しづらく、社数の半分の平均値を1,500万円、残りの半分の平均値を1,000万円とし、本区分の合計値を1,000万×8＋1,500万×8＝2億円と推定する。
《クラブパートナー》
・HPに下限500万円以上と100万円以上の2種類と明記されている。

●スポンサー収入：区分平均金額
《オフィシャルトップパートナー》
・ユニフォーム掲出企業を除くと4社。下限金額＝平均金額と予想
《オフィシャルパートナー》　16社
・川崎の平均値である1150万円を用いると、1.84億円（低い金額レンジ）。上限が川崎より高いので可能性として、2億円（高い金額レンジ）の両方で考える。
《クラブパートナー》　151社
・役務（メリット）も金額により分けるとHPに記されている。合計151社で、すべて五十音順に並んで

219

いるため500万円以上と100万〜499万円の比率が推定しづらい。仮に半々として、平均値をそれぞれ540万円と250万円とすると、それぞれに75.5社を掛け、4.077億円＋1.89億円＝5.967億円。

・100万円以上になってくると、同じ金額のレンジ幅の場合、高い金額の社数のほうが少ない可能性があり、現実的には3：7の比率と考えた場合、2.4462億円＋2.6425億円＝5.0887億円になる。

●スポンサー収入：他の目的別パートナー・リレーションシップパートナー

・リレーションシップパートナー数は金額と社名がHPに掲示されている。他の目的別パートナーと合わせ、合計0.3億円と推定。

親企業合計金額　6.713億〜7.7513億円

・スポンサー収入−高いレンジ＋特別利益

19.33−（ユニ3.25＋オフィシャルトップ2＋オフィシャルパートナー2＋クラブパートナー5.967＋他0.3）＋0.9＝19.33−13.517＋0.9＝6.713

・スポンサー収入−低いレンジ＋特別利益

19.33−（ユニ3.25＋オフィシャルトップ2＋オフィシャルパートナー1.84＋クラブパートナー5.0887＋他0.3）＋0.9＝19.33−12.4787＋0.9＝7.7513

198ページ　鹿島

●その他収入

（単位：百万円）

年度	2023	2022	2021	2020	2019	2018	2017	2016
金額	1,358	1,306	1,999	540	1,595	2,261	905	1,700

・「その他収入」は親企業の交代にかかわらず、以前から高い数値となっている

・2021年から急激に増加。賞金は少なく、増加理由は移籍金だけだったとすると2020年からそれぞれ14.5億円、7億円、7.5億円も移籍金が増えたことになり、少し考えづらい。よって親企業からの補填と思われる。特に、2021年はギリギリの黒字決算になっており、親企業からの補填が期中に入った可能性もある。

・スタジアムの指定管理者であり指定管理収入は一定程度存在すると考えられる。ただ2020年のその他収入金額を参照すると、その金額は1億〜2億円か。

・2021年からの3年間を見ると、移籍金が最も低い年は2022年で、基礎値＋親企業からの補填。2020年は基礎値のみと推定し、1,306−540＝約7.5億円が親企業からの最大補填金と考え、レンジとして5.5億〜7.5億円と推定。

●スポンサー収入

（単位：百万円）

年度	2023	2022	2021	2020	2019	2018	2017
金額	2,418	2,608	2,511	2,061	2,303	2,156	1,917

●スポンサー収入：ユニフォーム

・全8ヶ所に掲示。金額は川崎と同じと考え、胸以外で9.4億円。鎖骨の左右合計が3億円と仮定すると、胸スポンサーはそれ以上と思われるので、胸スポンサーは4億〜5億円と推定。よって、ユニフォームスポンサー合計で13.4億〜14.4億円と予想

●スポンサー収入：区分下限金額

・オフィシャルパートナー、クラブパートナー、ビジネスクラブの3種類。金額順。

《オフィシャルパートナー》

・ユニフォームに掲示していないオフィシャルパートナーの下限金額は、前親企業も含めた親企業関係企業が少ないこと、3,000万円超のアイテム数が少ないことを考えると、5,000万円には達しておらず、協業系を中心に3,000万円か2,000万円と推定。

《クラブパートナー、ビジネスパートナー》

第5章　親企業の年間拠出金額

- クラブパートナー、ビジネスクラブの下限金額はそれぞれ1,000万円と300万円。
- クラブパートナーとビジネスクラブの下限金額については、可能性として、クラブパートナーの下限金額が2,000万円の場合についてまず考えてみたい。オフィシャルパートナーがすでに大型アイテムに掲示しており、クラブパートナーの下限が2,000万円で47社というのは考えづらく、また下限金額が1,500万円の場合でも1,500万×47＝7.05億円となり、ビジネスクラブも合せるとスポンサー収入合計金額が24.18億円を超えてしまう。よってクラブパートナーは1,000万円か500万円、ビジネスクラブが500万円か300万円の可能性が高い。
- 次に、クラブパートナーの下限金額が500万円の場合には、その下のビジネスパートナーがクラブパートナー金額と近い300円万である可能性は低いと思われる。また、クラブパートナーが500万円の場合には、合計金額が540万×47＝2.538億円で、平均値を多く見積もり600万円としても600万×47＝2.82億円。広告料収入合計との帳尻を考えるとビジネスパートナーと足し合わせた合計が遠くおよばないため、クラブパートナーの下限を1,000万円と推定する。その場合、オフィシャルパートナーとクラブパートナーの合計は、高いレンジで14.4＋2.4＋5.875＝22.675億円、低いレンジで13.4＋1.6＋5.405＝20.405億円となり、ビジネスクラブが500万円だと広告料収入合計を超えてしまい、100万円だと広告料収入にかなり足りない。よって、ビジネスパートナーの下限は300万円の可能性が高いと推定。
- ユニフォームサプライヤーの位置が高いところにあり、ユニフォームスポンサーと同程度の現金拠出をしている可能性がある。

●スポンサー収入：区分平均金額

《オフィシャルパートナー》　14社
- オフィシャルパートナーにはユニフォームスポンサー、サプライヤー、それ以外が含まれている。ユニフォームスポンサーを除くと8社。3,000万×8＝2.4億円か、2,000万×8＝1.6億円。

《クラブパートナー》　47社
- 下限金額を1,000万円と推定し、レンジとしては1,000万〜2,999万円か1,000万〜1,999万円で考える。川崎の平均値を用い、1,250万円×47社＝5.875億円か、1,150万円×47＝5.405億円。

《ビジネスクラブ》　76社
- 平均値を300万円と推定し、2.28億円。

●ここまでの合計金額

- 親以外の協賛をすべて足し合わせる
- 高いレンジ＋サプライヤー＝25.255
- 低いレンジ＋サプライヤー＝22.985
- スポンサー収入合計が22.985〜25.255のレンジとなり、公表スポンサー収入24.18億円に近いため、ここまでの仮説に妥当性があると考える。

親企業合計金額　8.5億〜10.5億円

親企業拠出金額は、ユニフォーム鎖骨のみであるので、レンジ大小に関係なく３億円と推定。その他収入での補填は5.5億円〜7.5億円とし、合計8.5〜10.5億円。

199ページ　浦和

●概要

- 2005年、クラブ社長から当時の親企業拠出金額が３億円とコメントされており、その後、胸スポンサーが三菱グループ以外（Vodaphone社）に決まり、当時のメディアでは２年10億円と推定されている（2005年１月18日日本経済新聞）。
- 2016年10月に経営権が交代し、2017年からスポンサー収入が大幅に伸び、2023年までの７年間で14億円増加。相応の営業努力があったはずだが最高位のトップパートナー数はそれほど増えておらず、増加分のかなり多くが親企業および親企業グループからの拠出であったことが想像される。

221

・2005年以降は親企業グループの三菱ふそうとの契約も打ち切ると同時にコメントされている。ずっと三菱自工からの3億円だけだったとすると、2023年までの7年間で増えた14億円と三菱自工の3億円を足した17億円が親企業グループからの拠出最大額との推定が働く。https://www.asahi.com/sports/fb/TKY200501170240.html

●その他収入

(単位：百万円)

年度	2023	2022	2021	2020	2019	2018
金額	1,807	832	1,029	362	694	1,046

・2020年からスタジアムの指定管理に入っており、国内トップの収容者数を考えると、コロナの影響が薄まった2021年からは指定管理収入が徐々に増え、2023年には1億〜4億円になっている可能性がある。また2020年の数字を基礎値とすると、2023年の合計値は5億〜6億円の賞金を考慮し、3.62＋1〜4＋5〜6＝9.62〜13.62億円となるため、何らかの補填が入っていると考えられるが、2022年の数字が指定管理料を含めた基礎値になっている場合、2023年は賞金と移籍金を足すと説明がつく。

●スポンサー収入

(単位：百万円)

年度	2023	2022	2021	2020	2019	2018	2017	2016	2015
金額	4,223	4,048	3,898	3,750	3,841	3,226	3,193	2,593	2,549

●スポンサー収入：ユニフォーム

・優勝回数は鹿島・横浜FM・川崎等に劣るものの、Jリーグで人気ナンバー1のクラブであり、川崎の1.5倍で考える。
・胸が5億円。背3.75億円　鎖骨2.25億×2＝4.5億円　背下2.25億円　袖1.5億円　パンツ1.2億円と0.9億円。
・プラクティスウェアの鎖骨にオフィシャルパートナーも入っている。川崎の金額では鎖骨は1,000万円となっているが、浦和はそれより高いかもしれない。

●スポンサー収入：区分下限金額

・トップパートナーでユニフォーム掲示がない企業は2社。5,000万円か3,000万円。
・オフィシャルパートナーは3,000万円か2,000万円。
・プレミアパートナーは1000万円。
・オフィシャルパートナーの下限が1,000万円だと、プレミアパートナーの下限が750万円となり中途半端な金額設定になるため、オフィシャルパートナーの下限を2,000万円か3,000万円、プレミアパートナーの下限を1,000万円とする。
・ファミリーパートナーは500万円
・社員インタビューで法人パートナーは最低金額500万円との言及があるため、ファミリーパートナーの下限は500万円とする。　http://www.redspress.jp/index/reds_eyes/ARTICLE 1 /2022122900002

●スポンサー収入：区分平均金額

《トップパートナー》　ユニフォーム以外は2社
・1億円か6,000万円
《プラクティスウェア》　7社
・オフィシャルパートナーの下限を2,000万円とすると、プラクティスウェアは川崎の2倍としないと帳尻が合わない。下限を3,000万円とすると、3倍となる。2倍の場合、胸0.6億、背上0.4億、鎖骨片側0.2億、背下0.2億、袖0.2億　パンツ0.2億　三菱自動車が胸(0.6億)、三菱重工が鎖骨右(0.2億)。合計2億円／3倍の場合、3億円となる。
・親企業はユニフォーム以外にプラクティスウェアに入っている。
《オフィシャルパートナー》　27社
・トップパートナー以外でプラクティスウェアへの掲示は2社。この2社の拠出金額はプラクティスウェアでカウントするためオフィシャルパートナーのカウントからは削除。下限金額と平均金額を一

第5章　親企業の年間拠出金額

緒と見て、2,000万×（27－2）＝5億円 or 3,000万円×（27－2）＝7.5億円

《プレミアパートナー》　20社

・プレミアパートナーは上限が1,999万円か2,999万円のいずれかと予想される。上限が1,999万円の場合平均値が1,150万円となり合計は2.3億円、2,999万円の場合平均値が1,250万円となり合計は2.5億円。

《ファミリーパートナー》　38社

・540万円×38＝2.052億円

《レッズビジネスクラブ》

・250万円と120万円は最大社数が決められている。250万×5社＋120万×40社＝0.125＋0.48＝0.605億円。他は83万円、33万円、20万円。HPを見ると社数が合計で364社あるため、残り社数（364－45）＝319社を3等分して合計金額を計算すると83万×106社＋33万×106社＋20万×106社＝0.8798＋0.3498＋0.212＝1.4416億円。金額の少ない協賛社数のほうが多い可能性はあるものの、ビジネスクラブ合計で2億円と推定する。

親企業合計金額　11.188億～16.028億円

・親企業グループは、オフィシャルパートナーに3社、プレミアパートナーに4社で、1.06億～1.4億円
・ユニフォームとプラクティスウェアへの掲示箇所から判断し、現親企業からは（3.75＋0.2～0.3）億円、前親企業からは（1.5＋0.6～0.9）億円。よって親企業グループ拠出帯は7.11～7.85億円
・スポンサー収入－高いレンジ－サプライヤー＝
42.23－（19.1＋1＋3＋7.5＋2.5＋2.052＋2）－1＝42.23－37.152－1＝4.078
・スポンサー収入－低いレンジ－サプライヤー＝
42.23－（19.1＋0.6＋2＋5＋2.3＋2.052＋2）－1＝42.23－33.052－1＝8.178
・この差額は親企業が補填していると推定し、親企業合計
11.188（4.078＋7.11）億～16.028（8.178＋7.85）億円

200ページ　柏

●アカデミー収入について

・クラブが保有する高校生・中学生・小学生のチームを下部組織やアカデミーと呼び、特に中・高校年代のアカデミー設立はJリーグ入会の義務であるため、全クラブにアカデミーは存在する。Jリーグから公表される財務諸表に、「アカデミー収入」として独立した項目があり、月謝等で得られる収入はこちらに示される。アカデミー収入の数字がゼロないしは小さいクラブは、アカデミー法人を別途作っていたり、「その他収入」にアカデミー収入を計上していたりする可能性がある。「その他収入」にアカデミー収入が含まれているかを判断するため、以下の場合分けを行った。

A：アカデミー法人を保有。アカデミー収入が計上されていない→「その他収入」にアカデミー収入がほとんど含まれていないと判断
B：アカデミー法人を保有。アカデミー収入も計上されている→「その他収入」にアカデミー収入がほとんど含まれていないと判断
C：アカデミー法人を保有しない。アカデミー収入が計上されている→「その他収入」にアカデミー収入がほとんど含まれていないと判断
D：アカデミー法人を保有しない。アカデミー収入が計上されていない→「その他収入」にアカデミー収入がすべて含まれていると判断

A：札幌、横浜FM、C大阪
B：鹿島、浦和、横浜FC　湘南　新潟　町田
C：FC東京、川崎、名古屋、京都、G大阪、神戸、広島、福岡、鳥栖、清水、磐田、（仙台）
D：柏

→Dの柏だけ、アカデミー収入が「その他収入」に入っている可能性がある。

→Cのクラブのアカデミー収入平均は公表数字から計算でき、2.12億円であるため、柏にはその金額を適用し「その他収入」に含まれていると推定する。

●その他収入による補填

(単位：百万円)

年度	2023	2022	2021	2020	2019(J2)	2018	2017	2016
金額	567	721	260	1,177	238	933	377	234

・アカデミー収入が2億円強入っている可能性を考慮しても、金額の絶対値が低い年が多い。2022年から親企業が「その他収入」の項目において補填を開始したとしても2023年が5.67億円に下がっており、かつ5億円台である。また2022年の7.21億円を大きく上回っている年度も複数あることから、ブレは移籍金の大小によって発生し、親企業からの補填は本項目には存在していない可能性が高いと推定。

●スポンサー収入

(単位：百万円)

年度	2023	2022	2021	2020	2019(J2)	2018(J1)	2017
金額	3,111	3,029	2,987	2,893	2,206	1,968	1,954

・2017年1月の「ファン・サポーターとの意見交換会」の議事録が公開されている（https://blog.reysol.co.jp/news/2017/015305.html）。そこでは、2016年のスポンサー収入19億円のうち、「日立が13億円。残り6億円のうち日立グループの企業からいただいている金額の割合も大きい」とのクラブ幹部の発言が残っている。6億円の内訳は「割合も大きい」としかわからないが、日立グループから半分とすると、19億円のうち、日立グループから16億、日立グループ以外から3億円となる。

・2018年末にJ2に降格している。降格してJ2で迎えた2019年に広告料収入が前年より約12億円伸び、さらに翌2020年に28.9億円、その後も29.8億円→30.2億円→31.1億円と30億円前後で推移。この間、他のスポンサー数は目立って増えていない。2018年は降格危機を迎えた年で、その年の8月にオルンガ選手が加入している。一律にスポンサー金額の値上げをした可能性も残るものの、2018年後半から日立の関与が大きく増えたことが推定される。

・クラブスポンサーの多くがナショナルクライアントであり、千葉県内のスポンサー比率が少ないという特徴がある。日立およびグループとの関係から拠出している企業が多いと思われるが、五十音順ではないことから金額差は存在していると思われる。

●スポンサー収入：ユニフォーム

・8ヶ所すべてに掲示。リーグ戦、カップ戦ともに優勝経験があり、ベースⅡを適用

・日立グループ（4ヶ所）を外して計算すると、背上1.25＋鎖骨片側0.75×2＋パンツ裏0.3＝3.05億円

●スポンサー収入：区分下限および平均金額

《アカデミースポンサー》 3社

・下限が2,000万円か3,000万円のいずれかで平均も同一。

《クラブスポンサー》 76社

・下限を500万、400万、300万円と推定。順に合計は540万円×76＝4.104億円　真ん中だと425万円×76＝3.23億円、低い金額だと325万円×76＝2.47億円

・これらの推定の妥当性について。前述の意見交換会時で日立以外のクラブスポンサーが約70社。日立の割合も大きいということから、日立以外の合計金額が、2、3、4億円の可能性が考えられる。2億円とすると70社で1社平均が286万円、3億円とすると1社平均が428万円、4億円とすると1社平均が571万円。よって平均金額を325万～540万とするのは妥当性があると思われる。

・2019年から急激にスポンサー収入が伸びている。この年にJ2だったことを考えると、増額に応じたスポンサーが多かったとは考えづらく、クラブスポンサーの下限金額に関しては2017年時と近いと推定。

・トレーニングウェアは、胸に4社、背上に1社、背袖に2社。この7社のうち、ユニフォームスポン

サーの5社が掲示しているため、ユニフォームとは別にカウント。ユニフォームサプライヤーが1社、クラブスポンサーが背裾に1社入っている。背裾は2社存在することも考えるとこの部位の協賛料は最大でも1,000万円と推定。

・この背裾クラブスポンサーはクラブスポンサー区分の筆頭に位置することから、クラブスポンサーの上限は1,000万円で考えたい。

・トレーニングウェアの胸は4社で1,500万円ずつ、背上も1社のみでロゴが大きいことから1,500万円と予想。親企業グループが胸に1社、背裾に1社。よって親企業グループで2,500万円、残りの4,500万円を別に計算する。

親企業合計金額　22.856億〜24.79億円

・スポンサー収入−高いレンジ＋親企業グループ
31.11−（ユニ3.05＋アカデミー0.9＋トレーニング0.45＋クラブ4.104）＋0.25＝31.11−8.504＋0.25＝22.856

・スポンサー収入−低いレンジ＋親企業グループ
31.11−（ユニ3.05＋アカデミー0.6＋トレーニング0.45＋クラブ2.47）＋0.25＝31.11−6.57＋0.25＝24.79

201ページ　FC東京

●その他収入

（単位：百万円）

年度	2023	2022	2021	2020	2019	2018	2017
金額	524	390	283	687	991	820	634

・経営権が交代（2021年途中）しても、2021年以降の「その他収入」は比較的低い金額。オフィシャルメンバーシップも積極的に募集しており、同じく本項目に含まれるファンクラブおよび後援会収入は、J1でも比較的多いと思われる。またHPに記載されているが、都内において7ヶ所のスポーツ施設で指定管理者となっており、1ヶ所につき年間1,000万円とすると7,000万円前後の収入。移籍金の存在を考えると、本項目における親企業からの追加拠出はなしで考える。

●スポンサー収入

（単位：百万円）

年度	2023	2022	2021	2020	2019	2018
金額	2,836	2,559	2,497	2,284	2,419	1,988

・2023年までは、協賛社の区分は2つのみ。2024年からは、4区分に変更。2023年のトップスポンサー発表時の協賛社数合計が76、2024年11月1日時点での協賛社数合計が75であり、ほぼ一致。また、両年とも金額順に並んでおり、協賛社も大きく変わっていないので、下限金額を分析するうえで2024年を参考にした。なお、2023年を見ると、2区分はロゴの大きさで分けており、ロゴ（大）の社数は7社で、2024年からはオフィシャルプレミアムパートナーの名称になっている。ロゴ（小）の69社は、2024年からゴールド、シルバー、ブロンズの名称になっている。

●スポンサー収入：ユニフォーム

・2023年のユニフォーム協賛社は親企業を除くと4社。首都東京で唯一のJ1クラブ（2023年時）であること、タイトルホルダーであり人気クラブであることを考え、川崎の1.5倍のベースを適用。背上3.75＋鎖骨2.25×2＋パンツ1.2＝合計9.45億円。競合する大手商社がユニフォームに入っており、同業ゆえ金額が同じである場合、背上がもう少し安いか、鎖骨がもう少し高い可能性がある。

●スポンサー収入：区分下限金額と平均金額

《2023年のロゴ（大）スポンサー》　7社
・ユニフォーム5社とそれ以外の2社。

225

- 下限に関しては1億円か5,000万円で考える。ユニフォームサプライヤーであるニューバランス社が、2023年はロゴ（小）だったのが、2024年にはオフィシャルプレミアムパートナーになっている。よって、2023年のロゴ（大）の下限が1億円だったのが、2024年（のオフィシャルプレミアムパートナー）下限が5,000万円に下がった可能性がある。もちろん、アフターコロナとなりレプリカユニフォームの収入が増えることを見込んでニューバランス社が増額している場合、下限金額は変わっていないことになる。下限と平均は一緒と考え、合計2億円か1億円。

《ロゴ（小）について＝2024年のゴールドスポンサー相当》　13社
- 2023年のロゴ（小）の左上に位置している企業と、2024年のゴールドパートナーはかなり一致。見比べて、2024年のゴールドに相当するのは、2023年の並び順で三菱電機社までと予想。
- 2023年の大型アイテムとしては、トレーニングウェアと試合前アップウェア。ウェア掲示企業はユニフォーム掲示企業とかなり重なっているもののユニフォームとは別に拠出していると考え、別途計算する。トレーニングウェアが5ヶ所（胸・鎖骨・背上）、試合前アップウェア（胸・背裾・鎖骨）が4ヶ所になり、川崎の1.5倍を適用し、掲示箇所を考慮して1.95億円。（0.45＋0.3＋0.15＋0.15＋0.15＋0.3＋0.15＋0.15＋0.15＝1.2＋0.75）
- ただ、トレーニングウェア鎖骨協賛社がこの区分より下に位置しているため、川崎と同金額である可能性もあり得る。その場合ウェア合計で1.3億円。
- この区分においてウェアを掲示していない企業は12社あり、トレーニングウェア鎖骨協賛社が2024年はシルバーに入っていること（2023年は鎖骨2ヶ所に掲示したので割引販売だった可能性があるが、理由は不明）、ナショナル企業の位置を考え下限を2,000万円とし、平均と下限も一致していると考え、2.4億円。

《ロゴ（小）について＝2024年のシルバースポンサー相当》　21社
- 2024年のシルバーパートナーもかなり重なっている。2023年の並び順でニシヤマ社以降が特に重なっており、マレーシアLNG社とニシヤマ社までを境目とした。こちらは1,000万円以上2,000万未満と考え、21社あるので、1,150万円×21＝2.415億円。

《ロゴ（小）について＝2024年のブロンズスポンサー相当》　42社
- 社数が40社前後と限定的であること、首都東京であることから、金額の下限が高いと想像し下限500万円の可能性が高いと考える。540万円×42＝2.268億円。

●スポンサー収入：区分平均金額
- 2024年のゴールド相当社は、ウェア掲出企業が1.95億円or1.3億円。それ以外の協賛社からは2.4億円
- 2024年のシルバー相当社は、1,150万円×21＝2.415億円
- 2024年のブロンズ相当社は、540万円×42＝2.268億円

親企業合計金額　7.477億〜9.127億円
- スポンサー収入－高いレンジ－サプライヤー＝28.36－（9.45＋2＋1.95＋2.4＋2.415＋2.268）－0.4＝28.36－20.483＝7.477
- スポンサー収入－低いレンジ－サプライヤー＝28.36－（9.45＋1＋1.3＋2.4＋2.415＋2.268）－0.4＝28.36－18.833＝9.127

202ページ　川崎

●その他収入

（単位：百万円）

年度	2023	2022	2021	2020	2019	2018	2017
金額	1,607	1,034	1,672	936	941	1,140	990

- 国税庁の新解釈が出た翌年の2021年から大きく増えている。2017年および2018年はリーグ優勝賞金3億円が含まれた数字だったことを考えると、2021年から親企業の補填が本項目に入り始めた可能性がある。

第5章　親企業の年間拠出金額

- 2021年から2023年までの3年間で最も低い2022年が、移籍金が最も低いと想像できる。2022年はリーグ戦2位とスーパーカップ等の賞金が約1.5億円で、マイナスすると10.34億－1.5億＝8.84億円　ここから基準値である2億円を引くと6.84億円。
- ただし、川崎は後援会（ファンクラブ）が2023年時点で5万人を超えており、レギュラー会員年会費が3,500円（ファミリー・ジュニア価格有）であり、後援会収入が1～2億円と予想される。他クラブ対比で相当高く、それに伴い基準値も高く見積もる必要があり、また、移籍金もまったくゼロではない可能性も考え、6.84億円から1～1.5億円をマイナスし、5.34～5.84億円を補填金額と推定。

●スポンサー収入

(単位：百万円)

年度	2023	2022	2021	2020	2019
金額	3,452	3,235	2,880	2,097	2,143

- オフィシャルトップパートナーとオフィシャルパートナーとクラブパートナーの3種類。オフィシャルパートナー以下は五十音順。ただしオフィシャルパートナーはロゴの大きさで2段階に分けており、便宜上A、Bとする。
- オフィシャルトップパートナー決定時の発表順は、親企業以外では、鎖骨右→背裾→背上→鎖骨左→左袖→パンツ前→トレーニングウェア背中上＋公式戦アップシャツ背中裾→パンツ裏の順序で、HPもその配列。各アイテムを定価で考えると、1.8億円→1.5億円→2.5億円→1.5億円→1億円→0.8億円→0.28億円→0.6億円になり、背裾と背上等、数ヶ所で金額が逆転する。

《オフィシャルトップパートナーについて》
- ユニフォームスポンサー全8社＋アップウェアスポンサー（1社）＋ユニフォームサプライヤー（1社）。
- オフィシャルトップパートナーの順番は実質的な財務支援の金額の順になっている可能性が高い。
- 金額順に、a社（鎖骨右）→b社（背裾）→c社（背上）→d社（鎖骨左）→e社（左袖）→f社（パンツ前）→g社（トレーニングウェア背中上）＋公式戦アップシャツ背中裾→h社（パンツ裏）
- 鎖骨右の協賛社aはトレーニングウェアの胸（0.3億円）等にも協賛しており、ユニフォーム以外の別の協賛を行うことで合計金額が高くなっているか、実際の販売金額がHPと異なる可能性がある。
- よって①考え得る高いほうの金額と、②考え得る低いほうの金額の2つに分けて推測を進め、その平均をとることとしたい。
- 区分の分け方から、オフィシャルパートナーBの下限が1,000万、オフィシャルパートナーAの下限が2,000万である可能性が高いと考え、オフィシャルトップパートナーの下限は2,500万円の可能性で考える。
- a社（鎖骨右）は定価1.5億円に対し、トレーニングウェア（胸）が0.3億円のため、①2.6億円、②1.8億円。①はc社の背上が定価であるために最低必要な金額。
- b社（背裾）は定価1億円に加え、コンサルティング会社としての本業支援（経営助言）を行っている可能性もある。①2.55億円、②1.75億円。①もc社（背上）が定価であるために最低必要な金額。
- c社（背上）は定価が2.5億円。冠サッカー教室を実施。本社が東京であり、当クラブだけに拠出することへの説明の難しさもあると思われ、親企業との関係の深さからの契約と想像すると、定価でない可能性もある。①2.5億円、②1.7億円。
- d社（鎖骨左）は定価が1.5億円。鎖骨は選手インタビューでも映る人気アイテムなので定価が維持されていると想像。①②とも1.5億。
- サプライヤー。サプライ金額と現金拠出の合計値になる。後述するe社が①②とも1億円と推定できるため、このサプライヤーの総拠出（合計値）は1億円超～1.5億円未満と推定できる。現金拠出は先述のとおり3,000万円と推定。
- e社。左袖は定価が1億円。①②とも1億円。
- f～h社の②について。本区分の下限を2,500万円とするとhは2,500万となる。g公式戦アップシャツ背中裾の金額が示されておらず背中は一律で1,000万円とすると、gは3,000万円となる。そうするとfの②は3,100万円。
- よって、f社は①0.8億円、②0.31億～0.8億円、g社は①0.3億～0.7億円、②0.3億円、h社は①0.6億円、

227

②0.25億～0.6億円

①は2.6＋2.55＋2.5＋1.5＋0.3＋1＋0.8＋0.7＋0.6＝12.55
②は1.8＋1.75＋1.7＋1.5＋0.3＋1＋0.31＋0.3＋0.25＝8.91

●スポンサー収入：区分下限金額
《オフィシャルトップパートナー》　0.6億円か0.25億円
《オフィシャルパートナーA》　0.2億円
《オフィシャルパートナーB》　0.1億円
《クラブパートナー・アジアリージョナルカンパニー》　150万円
《サポートカンパニー・協賛カンパニー》　6万円から100万円まで

●スポンサー収入：区分平均金額
《オフィシャルトップパートナー》　9社
《オフィシャルパートナーA》　22社　下限金額と平均値が同じと見て、4.4億円
《オフィシャルパートナーB》　16社　平均値を1150万として、1.84億円
《クラブパートナー・アジアリージョナル他》　81社
339万円×81＝2.7459億円
《サポートカンパニー・協賛カンパニー》　287社
アイテムの平均金額を40万円として、287社で合計1.148億円

親企業合計金額　17.6711億～22.1411億円
・親企業グループ：4社。トレーニングウェア背中上＋公式戦アップシャツ背袖掲示企業のレンジが0.61～0.28であり、他はオフィシャルパートナーA、Bとなり、それぞれのアイテムを足すと、高いレンジで0.61＋0.2×2＋0.115＝1.125。低いレンジで0.28＋0.2×2＋0.115＝0.795。
・スポンサー収入－高いレンジ－サプライヤー＋親企業グループ＋その他収入
34.52－(12.55＋4.4＋1.84＋2.7459＋1.148)－0.3＋0.795＋5.34＝34.52－22.6839－0.3＋0.795＋5.34＝17.6711
・スポンサー収入－低いレンジ－サプライヤー＋親企業グループ＋その他収入
34.52－(8.91＋4.4＋1.84＋2.7459＋1.148)－0.3＋1.125＋5.84＝34.52－19.0439－0.3＋1.125＋5.84＝22.1411

203ページ　横浜F・マリノス

●その他収入
(単位：百万円)

年度	2023	2022	2021	2020	2019	2018
金額	1,134	1,598	673	344	874	676

・本項目の金額変動が大きいクラブ。公表されている指定管理施設はほとんどなく、移籍金と賞金の影響が大きいと考えられる。2022年はリーグ戦優勝、2023年はリーグ戦2位、スーパーカップ優勝による獲得賞金が存在。また2022年は前田選手、チアゴ選手、扇原選手、2023年度は岩田選手、高丘選手、藤田選手、マルコス選手等が移籍しており、移籍金収入は相当大きかったと想像。
・2019～2021年の金額や、過去10年の本項目を見ると、3～5億円台の年も少なくなく、本項目における親企業からの補填はほとんどないと推定。親企業からの補填が2022年以降増えた可能性も考えられるものの、2022年に比べ2023年が大きく減っていることもあり、補填は考えにくい。

●スポンサー収入
(単位：百万円)

年度	2023	2022	2021	2020	2019	2018
金額	2,222	1,866	2,197	2,727	2,263	2,033

第5章　親企業の年間拠出金額

- オフィシャルパートナーとオフィシャルスポンサーの2種類。少額のスポンサーがあるのかもしれないが、HP上は見当たらない。

●スポンサー収入：ユニフォーム
- ユニフォームスポンサー企業とトップパートナー企業が同じ。
- 親企業を含み4社。優勝回数、観客動員数で同じ神奈川県で親企業も非常に大きいことを考え、川崎と同じ金額を適用。背2.5＋鎖骨1.5×2＋パンツ裏0.6＝6.1億円

●スポンサー収入：区分下限金額
《オフィシャルパートナー》
- 金額順。トレーニングウェアの袖企業の1社（袖右）は10番目で、もう1社（袖左）は最後の23番目に位置している。袖左の金額は川崎と同じと考え、下限は1,000万円と予想。
《オフィシャルスポンサー》
- 社数は比較的少ない。高めに下限金額を設定していると考え、FC東京や浦和と同様500万円と推定する。

●スポンサー収入：区分平均金額
《オフィシャルパートナー》　23社
- トップパートナーに4社しかなく、次区分のオフィシャルパートナーでトレーニングウェアに掲示している企業群は大きな金額であると見なし、平均金額は川崎と別の考えを用いることとする。実際、本区分の4番目に位置する企業はトレーニングウェア（胸小）とピッチボード1列目に拠出し、3,000万円に近い金額の可能性がある。また、9番目に位置する企業がピッチボード1列目、10番目の企業がトレーニングウェア袖（右）、11番目の企業が試合運営サプライとピッチボード2列目で、いずれの金額も大きいと想像できる。トレーニングウェア袖（左）企業が最後の23番目。
- よって最初の4社の平均を3,000万円、次の4社の平均を2,000万円、次の2社がピッチボード1列目とトレーニングウェアのため1,500万円、残り13社を1,000万円と推定。3,000万×4＋2,000万×4＋1,500万×2＋1,000万×13＝1.2＋0.8＋0.3＋1.3＝3.6億円と推定した。
《オフィシャルスポンサー》　37社　540万×37社＝1.998億円

親企業合計金額　10.738億円
- 親企業グループからはオフィシャルパートナー2社（3,000万円と1,000万円）、オフィシャルスポンサー4社（平均540万円とする）で6,160万円。
- スポンサー収入−親以外スポンサー収入−サプライヤー＋親グループ
　22.22−(6.1＋3.6＋1.998)−0.4＋0.616＝10.738億円

204ページ　横浜FC

●その他収入

（単位：百万円）

年度	2023	2022(J2)	2021	2020	2019(J2)	2018(J2)
金額	813	813	540	307	132	146

- 国税庁の解釈変更後から大きく増えている。2019年と2022〜2023年を比較すると7億円近い差があり、移籍金だけで2年連続7億円前後発生することは少し考えづらいため、親企業からの補填があることが予想される。公表情報からは金額は予想しづらく、1〜3億円の間と推定。

●スポンサー収入

（単位：百万円）

年度	2023	2022	2021	2020	2019	2018
金額	1,528	1,230	1,085	1,078	1,123	924

- 区分の名称がなく、便宜上、上からA〜Dとする。区分内の順序は金額順。

229

●スポンサー収入：ユニフォーム

- すべて区分A。2023年までの15年間でJ2が12年、J1が3年。首都圏のクラブであることを考え、ベースⅡかベースⅢで考える。ところが、HPの掲出順が大きく異なっており、拠出金額の合計順と考えられる。
- HPへの掲出順は、ユニフォームの部位で言うと、①鎖骨右→②背上（＋TRウェア鎖骨＋アンセムウェア胸）→③背下→④パンツ前（＋TR鎖骨）→⑤袖（＋TR胸小）→⑥鎖骨左→⑦パンツ裏となっている。

●スポンサー収入：区分下限金額

- 区分Aの8社はすべてユニフォーム掲示企業。パンツ裏がベースⅢより低い金額との仮定のもと、Aの下限を1,000万円とする。
- Bは12社。トレーニングウェアが中心。下限を800万円とする。
- Cは76社、Dは34社。Dの下の区分はオフィシャルパートナーから外れるので、金額は100万円未満と予想した。よってDの下限を100万円、Cの下限が300万円か500万円。Cの協賛社数はDの2倍存在するため、金額レンジが広いと考え、Cの下限を300万円とした。
- 区分AとBの読解が難しく、いくつかの仮定を置いて考える。
- 区分Aはすべてユニフォームスポンサーであり、HPの掲示順に、親企業の次から①〜⑦まで順番をつける。
- ⑥鎖骨左は人気アイテムであるのにこの位置にあること、⑦パンツ裏は一般的にユニフォーム金額の最下位に位置することから、⑥⑦の企業はユニフォームアイテムのみに拠出していると推定。もちろんベースⅡやⅢより安く販売している可能性も考え、⑥鎖骨左を4,500万〜7,500万円。パンツ裏を1,800万〜2,400万円のレンジに置いて推定を進める。
- ユニフォーム部位の金額順にはなっておらず、他のアイテムとの組み合わせで合算した金額順になっている。よって①〜⑦社におけるユニフォーム以外の掲示箇所確認を行い、わかる範囲では以下となった。トレーニングウェアはTRとした。

①鎖骨右にベースⅡの金額を払っていると予想
②背上に加え、TR鎖骨・アンセムウェア胸の合算
③背下
④パンツ前に加え、TR鎖骨の合算
⑤袖に加え、TR胸小の合算
⑥鎖骨左
⑦パンツ裏

- ウェア金額の推定を進めないと①〜⑦の金額を推定しづらいため、トレーニングウェア金額を仮置きし、ユニフォーム協賛部位との合計金額が①〜⑦を説明でき得るか確認を行った。また、区分Bの協賛社はウェア中心に拠出しているため、Bの掲示順も考慮しながら確認を行った。そうすると、トレーニングウェアとアップウェアが以下の金額だと、その次に示すようにHPの企業順の説明ができることになった。なお、B区分の各社には左上から順にアイウエオで番号をつけている。

〇トレーニングウェア
胸大：1,500万円1社＝イ社
胸小：800万円ずつ4社＝A区分の1社＋カ社＋キ社＋サ社
鎖骨：1,000万円ずつ2社＝A区分の2社
袖：800万円1社＝コ社
〇アップウェア
胸：1,300万円1社＝エ社
鎖骨：800万円ずつ2社＝オ社＋ケ社
背中：500万円1社＝オ社

- 先ほどのウェア金額を考慮すると、以下のように辻褄が合う。

ア社：ユニフォームサプライヤー：0

第5章　親企業の年間拠出金額

イ社：TR胸（大）：1,500万円

エ社：アップ胸：1,300万円

オ社：アップウェア鎖骨＆背中：1,300万円（800万円＋500万円）

カ社：TRウェア胸小：800万円

キ社：TRウェア胸小：800万円

ケ社：アップウェア鎖骨：800万円

コ社：TRウェア袖：800万円

サ社：次がTRウェア胸小：800万円

※カ・キ・ケのうちカ・キのほうが高い位置での掲示であるため、カ・キは他のアイテムにも拠出している可能性がある。

・上に挙げていない企業は中間をとり、ウ：1,400万円、ク：800万円、シ：800万円。よってBの合計金額を先に出すと、1.37億円になった。またシが下限金額になり、800万円になった。

・またこの考察により、Aの協賛社ごとの金額とユニフォーム金額も推定できる。

① 7,500万円（ユニ鎖骨右）

② 6,000万円（ユニ背上）＋1,000万円以上（TR鎖骨、アンセム胸）

③ 4,500万円（ユニ背下）

④ 2,400万円（ユニパンツ前）＋1,000万円（TR鎖骨）

⑤ 2,400万円（ユニ袖）＋1,000万円（TR胸小）

⑥ 3,000万円（ユニ鎖骨左）

⑦ 1,800万〜2,400万円（ユニパンツ裏）

・よって金額帯は、①7,500、②6,000〜7,000、③4,500、④3,000〜3,400、⑤3,000〜3,400、⑥3,000、⑦1,800〜2,400となるため（万円省略）、Aの合計は2.88億円〜3.12億円。

●スポンサー収入：区分平均金額

・Aは2.88億〜3.12億円、Bは1.11億円

・C（300万〜800万）の平均値は415万。76社で、3.154億円

・D（100万〜299万）の平均値は150万。34社で、0.51億円

親企業合計金額　8.386億〜10.626億円

・親企業グループからの拠出は見られず

・スポンサー収入－高いレンジ＋その他収入（低いレンジ）

　15.28−（3.12＋1.11＋3.154＋0.51）＋1＝8.386

・スポンサー収入－低いレンジ＋その他収入（高いレンジ）

　15.28−（2.88＋1.11＋3.154＋0.51）＋3＝10.626

205ページ　湘南

●スポンサー収入

（単位：百万円）

年度	2023	2022	2021	2020	2019
金額	1,287	1,310	1,229	1,108	1,129

●スポンサー収入：ユニフォーム

・胸は2〜2.5億円と仮置きして分析を進める。パンツ協賛企業がないので全体として安売りはしていないと想定。

・2010年から15年間でJ1在籍が13年になっており、神奈川県のクラブでもあることから、ベースⅡを適用。胸2〜2.5＋背上1.25＋鎖骨片側0.75×2＋背裾0.75＋袖0.5＝合計6億〜6.5億円

●スポンサー収入：区分下限金額

・オフィシャルプレミアムパートナーとユニフォーム協賛企業が一致。それ以外にオフィシャルトップ

231

パートナーとオフィシャルパートナーが存在。

《オフィシャルトップパートナー》
・企業数から考え下限金額500万円は考えづらく（下限500万円ならもっと企業数が多いはず）、またナショナル企業の位置から判断し1,000万円と考える。

《オフィシャルパートナー》
・100万円と推定。

●スポンサー収入：区分平均金額

《オフィシャルトップパートナー》　14社
・トレーニングウェアスポンサーは6社。胸2社、鎖骨2社、背2社とそれぞれ分割して販売しており、部位合計で川崎と同額（胸3,000万　背2,000万　鎖骨2,000万。胸は1,500万×2社、背は1,000万×2社、鎖骨は1,000万×2社）と推定する。企業名の並びについては、胸2社が最上位に位置し、次からはアイウエオ順であることから、その2社以外は1,000万円一律になっている可能性がある。1,500万×2社＋1,000万×12＝1.5億円。

《オフィシャルパートナー》　165社　325×165＝5.3625億円
《合計》　（6〜6.5）＋1.5＋5.3625＝12.8625億円となり、スポンサー収入にほぼ一致したため、上記の推定には妥当性があると考える。

親企業合計金額　RIZAP＝鎖骨右（7,500万）＋トレーニングウェア背（1,000万）＝8,500万円

206ページ　清水

●スポンサー収入

（単位：百万円）

年度	2023(J2)	2022	2021	2020	2019	2018	2017	2016(J2)	2015
金額	2,910	3,016	2,683	2,753	1,937	1,757	1,797	1,767	1,417

・2017年まで大きく伸びている。
・2017〜2019年は横ばいで、2020年から再び大きく伸びている。
・2017年まではスポンサー社数、特に上位区分のスポンサー数の増加が見られる。2020〜2023年は上位区分のスポンサー数の増加がそれほど見られない。よって、親企業の補填が大きかったことが予想される。

●スポンサー収入：ユニフォーム

・親企業＋4社が掲示。なお、1社が2部位に掲示。
・地方都市ではあるものの、静岡県ならびに静岡市は経済力のある地域、かつ、スポンサー収入の絶対値を考慮し、ベースIIIとする。
・背上1.25＋鎖骨0.75×2＋背中下0.45＋袖0.3＋パンツ表0.24＝3.74億円

●スポンサー収入：区分下限金額

《オフィシャルトップパートナー》　6社
・ユニフォーム袖スポンサー社は、この下の区分であるオフィシャルパートナーに位置するが、クラブ黎明期の親企業、かつ練習・公式戦ウェア鎖骨にも拠出しており、合計拠出金額は3,000万円を超えている可能性がある。よって本区分の下限は5,000万円と3,000万円の両方で考える。

《オフィシャルパートナー》　4社
・プレミアムパートナーの下限が1,000万円である可能性が高いと思われ、オフィシャルトップパートナーとの間になる本区分は下限を3,000万円か2,000万円とする。
・練習用ウェア（トレーニングウェア）および公式戦用ウェア（アップシャツ）の協賛企業は一緒になっており別々に販売していない可能性が高いと考えられる。そして、ウェア鎖骨（左）の協賛企業がプレミアムパートナーで2,000万円以上を拠出している可能性があり、その場合オフィシャルパートナーの下限は3,000万円になるため、2,000万円と3,000万円の両方の下限可能性で考える。

232

第5章　親企業の年間拠出金額

《プレミアムパートナー》　14社
・練習・公式戦ウェア鎖骨協賛社が位置している。
・ナショナル企業の位置も考慮して、下限を1,000万円と推定。
《クラブパートナー》　164社
・ロゴありが164社、ロゴなしが115社
・金額レンジとしては100万〜499万円の可能性もあるものの、プレミアムパートナーと比べて社数が圧倒的に多いこと、金額順であることを考えレンジ幅の広い100万〜999万円と推定。
・100万円の協賛でロゴの掲出がないことは考えづらく、ロゴありの下限を100万円と推定。
・ロゴなしはドリームパートナーとの比較で金額帯は10万〜99万円として、平均値を30万円とすると30万×115＝0.345億円
《その他パートナー》
・後援会が別に存在するため本区分も広告料収入に入る。HPより、ドリームパートナーは一口5万円とあり、合計金額が100万円未満と考えられる。

●スポンサー収入：区分平均金額

《オフィシャルトップパートナー》　1社（ユニフォーム協賛社を除く）
レンジ高＝5,000、レンジ低＝3,000
《オフィシャルパートナー》　2社（ユニフォーム協賛社を除く）
レンジ高　3,000　3,000×2＋600（※）＝6,600　レンジ低　2,000　2,000×2＝4,000
※高いレンジだとユニフォームパンツ協賛社の金額が不足するため調整
《プレミアムパートナー》　14社
レンジ高　1,170×14＝16,380　レンジ低　1,150×14＝16,100
《クラブパートナー　ロゴ有》　164社　300×164＝49,200
《クラブパートナー　ロゴ無》　115社　30×115＝3,450

親企業合計金額　17.412億〜17.902億円

・親企業グループ：・プレミアムパートナー1社（1,150万〜1,170万）
・スポンサー収入ー高いレンジ＋親企業グループ
　29.1−（3.74＋0.5＋0.66＋1.638＋4.92＋0.345）＋0.115＝29.1−11.803＋0.115＝17.412
・スポンサー収入ー低いレンジ＋親企業グループ
　29.1−（3.74＋0.3＋0.4＋1.61＋4.92＋0.345）＋0.117＝29.1−11.315＋0.117＝17.902

207ページ　磐田

●スポンサー収入

・J2に降格した2023年にスポンサー収入が8億円以上伸びている。

（単位：百万円）

年度	2023(J2)	2022	2021(J2)	2020(J2)	2019	2018
金額	2,675	1,830	1,855	1,828	1,877	1,869

●ユニフォームスポンサー

・親企業含め4社。清水と同じベースⅢで考える。
　背上1.25＋背下0.45＋袖0.3＝2億円⇒1.75億円に変更（後述）

●スポンサー収入：区分下限金額

《オフィシャルパートナー》
・ユニフォームスポンサーより区分が上に位置しており、下限金額はこの区分のほうが高いと思われる。ユニフォームスポンサーのうち背下掲示企業は本区分でないため、この区分の下限金額は3,000万・4,000万・5,000万円のいずれかと仮定。
・地元新聞社がオフィシャルパートナーのみに掲示されており、ユニフォームスポンサーには掲示がな

233

い。同社は同じ静岡県で共に名門クラブである清水と磐田で金額を変えているとは想像しづらく、清水と同じ金額とすると1,000万円以上3,000万円未満(前後)となる。よって、下限金額は2,000万円あるいは3,000万円と推定。

《ユニフォームスポンサー》
・オフィシャルスポンサーとユニフォームスポンサーはほぼ一緒で、1社だけ、ユニフォームスポンサーのみに掲示。上記で示したオフィシャルパートナーの下限に基づくと、ユニフォームスポンサーの上限が1,999万円か2,999万円になる。

《ゴールドメンバー》 9社
・親企業およびグループ、ユニフォーム掲示社、オフィシャルパートナー社等、上位区分に掲示している企業がこの区分にも重なっている。また、地元の大手企業が2社しかなく、トレーニングウェアスポンサーの数も親とサプライヤーを除くと1社のみであることを考えると、露出をほぼ不要とした地元応援や親企業との関係性から出していて、露出にはこだわらず下限1,000万円で統一し、それに応じている可能性がある。

《シルバーメンバー》 13社
・この下の区分であるアドボードの下限が500万円か300万円であろうこと、ゴールドメンバーとの比較から、下限を1,000万円か500万円と推定。

《アドボード》 86社
・アドボードの数の多さから、下限は500万円でなく300万円と推定。
・以上より、いくつか推測した下限に対し振り返ってみると、ここまでの区分が5つあり、最上位(オフィシャル)の下限金額が3,000万か2,000万円、その次のユニフォームの下限がわからず、次のゴールドが1,000万円、次の次(シルバー)が1,000万か500万円、最下位のアドボードが300万円となっている。とすると、オフィシャル=3,000万円、ユニフォーム=2,000万円、ゴールド=1,000万円、シルバー=500万円、アドボード=300万円が下限との結論が、辻褄が合う。なおゴールド以下は五十音順で区分内金額差が小さいと想定される。
・以上により、ユニフォームの背下と袖のレンジが2,000万〜2,999万円となるため、
背上1.25＋背下0.29＋袖0.29＝1.83
背上1.25＋背下0.25＋袖0.25＝1.75
と考えることとし、当初のユニフォーム金額から変更したい。

《アドボードパートナー：企業ロゴ無し》 112社
・この区分の協賛企業は企業名のみの掲示になっている。この区分の下位にある協賛区分数は多く、この区分の下限金額が100万円未満とするとそれらの金額レンジがかなり細かくなるため、下限金額を100万円とする。また、下限が200万円の可能性も否定できないが、200万円の拠出企業にロゴなしも少し考えづらい。

《サポーティングカンパニー》 《マスコットユニフォームパートナー》 《レスキューパートナー》 《アカデミーパートナー》 他
・アドボードパートナーより下位に位置付けられ、この下の区分を考えると、11万〜80万の金額帯と推定。金銭拠出があると思われる企業数が20社。平均金額を40万円で考え、合計800万円。

《コーポレートプレミアムメンバー》 54社《コーポレートメンバー》 165社
・金額はHPに出ており、10万円と5万円。よって合計1,365万円

●スポンサー収入：区分平均金額
《オフィシャル》 3社 3,000万円×3＝9,000万円
《ゴールド》 9社 1,170万円×9＝1.053億円
《シルバー》 13社 540万円×13＝0.7020億円
《アドボード》 86社 350万円×86＝3.01億円
《アドボードパートナー企業ロゴなし》 112社 150万円×112社＝1.68億円
※ユニフォーム背下および袖の金額は、上記の推定により、2,000万円に変更。

第5章　親企業の年間拠出金額

※ユニフォーム掲示企業が別途オフィシャルスポンサー金額を払っているとした。

親企業合計金額　17.6025億～17.6825億円

・親企業グループ：

　ゴールド２社＋シルバー１社＋アドボード５社＋アドボード企業ロゴなし１社＝0.244

・スポンサー収入－高いレンジ＋親企業グループ

　26.75－（ユニ1.83＋オフィシャル0.9＋ゴールド1.053＋シルバー0.702＋アドボード3.01＋アドボードパートナー1.68＋他0.2165）＋0.244＝26.75－9.3915＋0.244＝17.6025

・スポンサー収入－低いレンジ＋親企業グループ

　26.75－（1.75＋0.9＋1.053＋0.702＋3.01＋1.68＋0.2165）＋0.244＝26.75－9.3115＋0.244＝17.6825

208ページ　名古屋

●特別利益

・2021年まではずっとこの項目に計上しておらず、2022年に6.35億円、2023年に３億円となっている。親企業からの補填と推定する。

●その他収入

（単位：百万円）

年度	2023	2022	2021	2020	2019	2018
金額	1,119	475	728	489	451	256

●スポンサー収入

（単位：百万円）

年度	2023	2022	2021	2020	2019	2018
金額	2,738	3,737	3,534	3,424	4,077	3,345

・スポンサー収入が大きく減っている。協賛社数は減っていない。

・入場料収入が12億円を超え前年の２倍近くになっており、協賛社数もかなり多くクラブ単体で収益力がついてきている。ひょっとしたら親企業からのスポンサー料は常識的な金額に減らし、必要な場合に「特別利益」で補填する判断を下した可能性がある。もしそうであるなら、親企業が業績以外の理由で、長年出していた拠出金額を減らした例は珍しく、2024年の決算発表が注目される。

●スポンサー収入：ユニフォーム

・タイトルホルダー。愛知県で唯一のJクラブであること。ユニフォーム掲示各企業の売上高、クラブの人気、後背人口の多さを考えると川崎と同等の金額と考える。全８ヶ所に掲示しており、9.4億円。

●スポンサー収入：区分下限金額

《ダイヤモンドパートナー》　３社

・ユニフォーム掲示企業は８社ともすべてダイヤモンドに含まれ、それ以外が３社。その３社は親企業グループが多く、下限金額は3,000万円と推定しつつ、5,000万円の可能性も考える。

《プラチナパートナー》　17社

・トレーニングウェア袖左か２社存在し、２社ともゴールドパートナー。２社あることから、それぞれの金額は1,000万円に達していないと思われる。よってゴールドの上限を999万円、プラチナの下限を1,000万円と推定。

・ピッチボード１列目に掲示するプラチナパートナー企業があり、川崎と同じ金額と考えると1,500万になる。この区分には親企業グループが少なく、お付き合いでなくアイテム定価を払っている可能性が高いと考えた場合、17社中半分が1,500万円、残り半分が1,000万円の可能性が出てくる。よって平均値については1250万円×17社＝2.125億円の可能性も考慮。

《ゴールド・シルバー》　31社と110社

・ゴール裏のピッチボード１列目の掲示企業区分はダイヤモンド・プラチナ・ゴールドが混在。２列目（横断幕１列目）はダイヤモンド・プラチナ・ゴールド・シルバーが混在。各企業からの協賛は他の

235

協賛アイテムとの組み合わせになっていると推定される。五十音順であることから、区分内で差は少ない。

- ゴールドは31社、シルバーは110社。シルバーとの社数差が大きいため、ゴールドの金額帯は狭いと考えられ、300万円でなく500万円を下限とする。

《シルバー・シルバーの下の区分》
- シルバーの下の区分として後援会（一口5万円）が存在。後援会企業が600社以上あり広範な金額レンジを網羅しているだろうこと、ロゴ入りは相場観的に100万円協賛社からということ、100万〜299万円協賛社も数多く存在するとの推定に立つと、後援会企業が一口5万でその金額帯を埋めていると想像しづらいこと、以上を考え、シルバーの下限を100万円とする。

●スポンサー収入：区分平均金額
《ダイヤモンド》　3社　0.9億円 or 1.5億円
《プラチナ》　17社　1.989億円 or 2.125億円
《ゴールド》　31社　540万円×31社＝1.674億円
《シルバー》　110社　250万円×110＝2.75億円

親企業合計金額　15.552億〜16.496億円
- 親企業グループ：3.021〜3.229
  ユニ袖1＋ユニ背裾1.5＋ダイヤモンド0.3〜0.5＋プラチナ0.117〜0.125＋ゴールド0.054＋シルバー0.025×2＝3.021〜3.229
- スポンサー収入−高いレンジ−サプライヤー＋親企業グループ＋特別利益
《高いレンジ》27.38−（ユニ9.4＋ダイヤモンド1.5＋プラチナ2.125＋ゴールド1.674＋シルバー2.75）−0.4＋3.021＋3＝27.38−17.849＋6.021＝15.552
- スポンサー収入−低いレンジ−サプライヤー＋親企業グループ＋特別利益
《低いレンジ》27.38−（9.4＋0.9＋1.989＋1.674＋2.75）−0.4＋3.229＋3＝27.38−17.113＋6.229＝16.496

209ページ　京都

●その他収入
（単位：百万円）

年度	2023	2022	2021(J2)	2020(J2)	2019(J2)
金額	250	173	144	99	154

- その他収入が少ないため、補填なしと考える。

●スポンサー収入
（単位：百万円）

年度	2023	2022	2021(J2)	2020(J2)	2019(J2)	2018(J2)	2017(J2)
金額	1,997	1,898	1,534	1,521	1,356	1,243	1,129

- 2014〜2017年までのスポンサー収入は11億円台前半で変化なし。
- 2018年から2021年までの3年間（J2）で約4億円伸びており、J1昇格後はさらに伸びている。現在に至るまで親企業からの拠出金額が相当増えたことが想像できる。

●スポンサー収入：ユニフォーム
- トップスポンサー＝ユニフォームスポンサー。胸は親企業で、他は全箇所掲示。
- 2021年末に昇格するまでJ2が10年以上続いたものの、京阪の一角、NPBチームが存在せず、大企業が多いことを考え、ベースIIとする。背上1.25＋鎖骨左右1.5＋背裾0.75＋袖0.5＋パンツ表0.4＝合計4.4億円

●スポンサー収入：区分下限金額
《プラチナスポンサー》　11社

第5章　親企業の年間拠出金額

・親企業グループ企業以外に9社。日本を代表する企業も少なくないものの、トレーニングウェアの企業数も少なく、3,000万円以上の大型アイテムを9社に揃えるのは難しいと想像し、下限金額を2,000万円か1,000万円と考える。

《ゴールドスポンサー》　16社
・下限は1,000万円か500万円と仮定。平均値は1150万か540万円
・ゴール裏1列目のLED看板にゴールドスポンサーの掲示企業が見られる。LED看板のため、金額は比較的低いかもしれない。バックスタンド最前列にもゴールドスポンサーのLED看板掲示企業が見られる。このアイテムはJ1であっても1,000万円は想像しづらく、アイテムを組み合わせることによって1,000万の可能性が残るものの、下限値は500万円の可能性のほうが高いと推定する。

《シルバースポンサー》　101社
・サポートカンパニーの金額はHPに示されている。上限が50万円のため、シルバースポンサーの下限は100万円と推定。

●スポンサー収入：区分平均金額
《プラチナスポンサー》　11社　1.287億（下限1,000万）～2.2億円（下限2,000万）
《ゴールドスポンサー》　16社
540万×16＝0.864億円
《シルバースポンサー》　101社
250万×101＝2.525億円
《サポートカンパニー》
S：50万×30社＝0.15億円、A：30万×30社＝0.09億円、B：20万×29社＝0.058億円、C：10万×185社＝0.185億円　合計0.483億円

親企業拠出金額帯　9.698億～10.811億円
・親企業グループ：プラチナスポンサーに2社あるため、高いレンジで4,000万、低いレンジで2,000万円。
・スポンサー収入－高いレンジ＋親企業グループ（低いレンジ）
19.97－｛ユニフォーム4.4＋プラチナ2.2＋ゴールド0.864＋シルバー2.525＋サポート0.483｝＋0.2＝9.498＋0.2＝9.698
・スポンサー収入－低いレンジ＋親企業グループ（高いレンジ）
19.97－｛ユニフォーム4.4＋プラチナ1.287＋ゴールド0.864＋シルバー2.525＋サポート0.483｝＋0.4＝10.411＋0.4＝10.811

210ページ　C大阪

●その他収入等による補填　なし
●スポンサー収入：ユニフォーム
・ユニフォームは8部位中、7部位掲示。設立時から日本ハムはヤンマーと共に双方親企業ということで深く関わっていたため、日本ハムについては川崎と一緒かベースⅠと推定（2.5億～2億円）。タイトルホルダー、大阪のクラブということで他はベースⅡを適用。2.5（2）＋0.75×3＋0.5＋0.4＝5.15億～5.65億円

（単位：百万円）

年度	2023	2022	2021	2020	2019	2018
金額	2,741	2,284	1,994	1,699	1,707	1,786

●スポンサー収入：区分下限金額
《トップパートナー》
・トップパートナーはすべてユニフォームスポンサー。ユニフォームのパンツに掲示する協賛社はトップパートナーに入っておらず、プラチナパートナー。よってトップパートナーの金額下限は5,000万

237

円と推定。

《プラチナ・ゴールド・オフィシャルパートナー、オフィシャルスポンサー》
- トレーニングウェア・ビステ・ウーブンジャケットはトップパートナー社が多く、プラチナパートナーの下限3,000万円は商材的に厳しい。またプラチナパートナーの下に3区分あることから、プラチナパートナーは2,000万円、ゴールドパートナーは1,000万円、オフィシャルパートナーは500万円、オフィシャルスポンサーは300万円と推定。オフィシャルスポンサーの下限が100万円の可能性があるものの、社数が56社しかないことから、オフィシャルスポンサーの金額レンジはかなり狭いと考えるのが妥当だろう。

●区分平均金額
《トップパートナー》　　　4社　　5,000万×4社＝2億円
《プラチナパートナー》　　4社　　2,000万×4社＝0.8億円（ユニフォーム掲示企業除く）
《ゴールドパートナー》　　13社　　1,170万×13社＝1.521億円
《オフィシャルパートナー》　24社　　540万×24社＝1.296億円
《オフィシャルスポンサー》　56社　　350万×56社＝1.96億円

親企業合計金額　13.883億〜14.383億円
- スポンサー収入－高いレンジ－サプライヤー
  27.41－{ユニ5.65＋トップ2.0＋プラチナ0.8＋ゴールド1.521＋オフィシャル1.296＋オフィシャルスポンサー1.96}－0.3＝27.41－13.227－0.3＝13.883
- スポンサー収入－低いレンジ－サプライヤー
  27.41－{ユニ5.15＋トップ2.0＋プラチナ0.8＋ゴールド1.521＋オフィシャル1.296＋オフィシャルスポンサー1.96}－0.3＝27.41－12.727－0.3＝14.383

211ページ　G大阪

●その他収入

(単位：百万円)

年度	2023	2022	2021	2020	2019	2018	2017
金額	2,305	2,024	1,835	1,221	1,277	1,117	754

- 2023年の本項目は全クラブ中、最大。特に2021年以降に大きく増えており、国税庁通達以降、親企業の補填が始まったと予想される。
- 2014年はリーグ戦・天皇杯・ルヴァン杯を制しており、賞金を引くとその他収入は6億円前後。また、2015年はリーグ戦2位・天皇杯優勝・ルヴァン杯準優勝。
- 2016年から新スタジアムが全面開場し、指定管理者としてのスタジアム売上が本項目に計上されている可能性が高い。神戸ほど大きく伸びてはいないものの、2014、2015年と比較すると2億〜4億円増えている可能性がある。
- ファンクラブも充実。よって本項目の基礎値が他クラブ対比で高い可能性があり、それを考慮すると2020年まで親企業からの補填があったとは考えにくい。
- スタジアム売上が発生する2016年からの数字を追うと、2016〜2020年までは賞金が少ないため、2021〜2023年と状況は似ている。2016年から2020年までと、2021年から2023年までの「その他収入」の平均をそれぞれ出す。2021年から補填が始まったと予想すると、その差が親からの補填金に近いと推定する。
- 年度による移籍金に大きな偏りがあったり、2021年以降の補填金額が毎年異なると、この算出の信ぴょう性が低くなるが、この計算法を採りたい。
- 指定管理収入の存在から本クラブの基礎値を2倍の6億円としても、それを除いた「その他収入」は2021年から2023年まで12億、14億、17億円となる。移籍金を引いても、残りは親からの補填と考えられるため、10億円前後の補填金が存在することが想像され、上記の計算法には妥当性があると考

第5章　親企業の年間拠出金額

えた。
- 実際に計算すると、20.48−10.43＝10.05億円。
- なお、2016年と2017年の「その他収入」の数値がかなり低く、それを除外して2018〜2020年の平均値11.78から引くと870＝8.7億円となり、この数字も考慮する。

●スポンサー収入

（単位：百万円）

年度	2023	2022	2021	2020	2019	2018
金額	2,188	2,088	1,923	1,898	1,863	1,845

●スポンサー収入：ユニフォーム

- ダイヤモンドパートナーはすべてユニフォームに掲示。ユニフォーム袖スポンサーはプラチナパートナーだがユニフォームでカウントする。クラブワールドカップで3位に入ったことのある大阪の名門クラブであること、掲示企業数の少なさから、Iの可能性が高いと考える。
- 合計4.85億〜5.2億円。親企業は胸を鎖骨片側に掲示。背上2.0＋鎖骨片側1.2＋背裾1.2＋袖は後述する理由により0.45〜0.8
- 無理やり埋めていないため、定価に近い価格の販売と予想。

●スポンサー収入：区分下限金額

《ダイヤモンドパートナー》
- ユニフォーム袖スポンサーがプラチナパートナー最上位であることを考えると、ダイヤモンドパートナーの下限が1億円と思われるものの、5,000万円の可能性も考える。そうすると、ユニフォーム袖の金額は、4,500万円が妥当な予想となろう。

《プラチナパートナー》
- 見当をつけづらく、下限は1,000万、2,000万、3,000万円の可能性で考える。プラクティスシャツの社名掲示はトップパートナーが多いためプラチナパートナーの金額が低い可能性もある一方で、本区分の企業が4社と少ないことから親企業との関係、あるいは協業等で大きな金額拠出になっている可能性もある。
- 某ナショナル企業がセレッソ大阪にも拠出している。同じ大阪のJ1クラブ、どちらもタイトルホルダーであることから、金額に差をつけているとは考えづらく、同じ区分と考えると、下限は2,000万円の可能性が高くなる。ゴールドパートナーとの比較から、下限は2,000万円か3,000万円で考える。

《ゴールドパートナー》
- 別のナショナル企業の位置から、1,000万円と推定。

《シルバーパートナー》《ブロンズ》
- それぞれ下限が、500万か300万円、300万か200万円。両方の可能性を考える。

《ブルーパートナー》　下限100万円。

●スポンサー収入：区分平均金額

《ユニフォーム》　4社
- レンジ大　背上2.0＋鎖骨片側1.2＋背裾1.2＋袖0.8＝5.2億円
- レンジ小　背上2.0＋鎖骨片側1.2＋背裾1.2＋袖0.45＝4.85億円

《プラチナパートナー》　5社。ただし1社はユニフォーム袖協賛社のため除く
- レンジ大：0.3億円×4＝1.2億円
- レンジ小：0.2億円×4＝0.8億円

《ゴールドパートナー》　21社
- レンジ大（1,000万〜2,999万円）：1,170万×21＝2.457億円
- レンジ小（1,000万〜1,999万円）：1,150万×21＝2.415億円

《シルバーパートナー》　22社
- レンジ大（500万〜999万円）：540万×22＝1.188億円
- レンジ小（300万〜999万円）：400万×22＝0.88億円

《ブロンズパートナー》 27社
- レンジ大（300万〜499万円）：350万×27＝0.945億円
- レンジ小（200万〜299万円）：225万×27＝0.6075億円

《ブルーパートナー》 19社
- レンジ大（100万〜299万円）：250万×19＝0.475億円
- レンジ小（100万〜199万円）：150万×19＝0.285億円

親企業合計金額　18.9575億〜21.9895億円
- 親企業グループ＝シルバー3社（540〜400）とブロンズ1社（350〜225）。レンジ高は540万円×3＋350万円＝0.197億円。レンジ低は400万円×3＋225万円＝0.1425億円
- スポンサー収入－高いレンジ－サプライヤー＋親企業グループ（低いレンジ）＋その他収入＝21.88－（ユニ5.2＋プラチナ1.2＋ゴールド2.457＋シルバー1.188＋ブロンズ0.945＋ブルー0.475）－0.3＋0.1425＋8.7＝21.88－11.465－0.3＋0.1425＋8.7＝18.9575
- スポンサー収入－低いレンジ－サプライヤー＋親企業グループ（高いレンジ）＋その他収入＝21.88－（ユニ4.85＋プラチナ0.8＋ゴールド2.415＋シルバー0.88＋ブロンズ0.6075＋ブルー0.285）－0.3＋0.197＋10.05＝21.88－9.8375－0.3＋0.197＋10.05＝21.9895

212ページ　神戸

●特別利益

（単位：百万円）

年度	2023	2022	2021	2020	2019	2018	2017
金額	1,400	3,110	3,300	5,250	0	0	0

- 2018年のイニエスタ獲得から増えている。シーズン中の獲得のため、獲得に合わせスポンサーを増やしたりシーズン中の増額は簡単でなく、親企業からの拠出が大幅に増えた可能性がある。また2020年から、スポンサー料として親企業グループから拠出していた金額の一部を、「特別利益」に切り替えた可能性がある。

●その他収入

（単位：百万円）

年度	2023	2022	2021	2020	2019	2018	2017
金額	1,685	2,032	3,090	1,446	1,602	1,614	487

- スタジアムの指定管理を獲得してから、本項目の金額が11億〜12億円上がっている。11億〜12億円を引いても、2020〜2023年は高い数字になっているが、親企業補填をスポンサー収入以外の2つの科目で行っているとは考えづらい。また2023年の数字は、リーグ優勝賞金の3億円が入っているはずで、親企業からの補填はなく、移籍金の増減が影響していると考えられる。

●スポンサー収入：ユニフォーム

（単位：百万円）

年度	2023	2022	2021	2020	2019	2018	2017
金額	2,409	2,146	1,681	1,669	7,405	6,208	3,352

《オフィシャルトップスポンサー》 17社
- タイトルホルダーかつ阪神圏ではあるが、リーグ戦制覇はこの時点で未達成であり、ベースⅡかベースⅢで考える。
- ベースⅡ　背上1.25　鎖骨片側0.75　背裾0.75　袖0.5　パンツ表0.4＝4.4
- ベースⅢ　背上1.25　鎖骨片側0.75　背裾0.45　袖0.3　パンツ表0.24＝3.74

●スポンサー収入：区分下限金額
- すべての区分で五十音順。よって同区分内での金額差が少ないと予想。
- 最も下の区分から見ると、サポートファミリーがあり、金額はHPによるとゴールド（60万円）からブ

ロンズ（5万円）まで。

・よってその上の区分（アカデミーパートナー）の下限を100万円とし、区分内が五十音順であることから金額レンジは狭く、その上の区分（オフィシャルスポンサー）の下限を200万円、その上のオフィシャルパートナーの下限を300万円とする。

・ナショナル企業の位置を見ると、オフィシャルパートナーが500万～999万円以下と考えられるため、上記の仮定のまま進める。

・最も上の区分はオフィシャルトップ。ユニフォーム以外の会社は、練習着（胸）、練習着（背）。他は露出が少ないものの、ランドセル製造販売企業やアパレルブランドがコラボ商品やキャンペーンを実施しており、クラブコンテンツを十分に活用している。ただし協業で5,000万円は考えづらく、五十音順であることから、下限平均ともに3,000万円と見なす。残りの5社は親企業グループ含め親企業と関係性がある企業と考えられる。

・それに伴い、オフィシャルゴールドを2,000万～2,999万円、オフィシャルシルバーを1,000万～1,999万円と推定。

・この時点で、ユニフォームスポンサーの袖が3,000万、パンツ表が2,400万だと辻褄が合わなくなるため、ユニフォームのベースはⅡのみで考える。

・練習着鎖骨企業が、オフィシャルゴールドとオフィシャルシルバーの2ヶ所に位置している。他クラブとの比較で考えると鎖骨の金額が1,500万円前後で、その部位の拠出がオフィシャルシルバーに相当し、さらに追加アイテムに拠出しているとオフィシャルゴールドになっていると考えられる。

・ナショナル企業の位置を考慮し、オフィシャルパートナーが500万～999万円。したがってオフィシャルスポンサーが499万～300万円、アカデミーパートナーが299万円以下と推定。五十音順のため区分内の金額差は比較的小さい。

・それに伴い、オフィシャルシルバーが1,000万～1,999万円、オフィシャルゴールドが2,000万～2,999万円、オフィシャルトップが3,000万円以上と予想。オフィシャルパートナーは999万円以下。

・オフィシャルパートナー（51社）の下の区分がオフィシャルスポンサー（68社）、その下の区分にアカデミーパートナー、セレイアパートナー、サッカースクールパートナー等で14社が並び、その下の区分がサポートファミリー。

・よってその上の区分（アカデミーパートナー等）の下限を100万円とし、オフィシャルスポンサーの下限を200万円（～299万）、オフィシャルパートナーの下限を300万円（～499万）とする。

● **スポンサー収入：区分平均金額**

《オフィシャルトップ》　8社　3,000万円×8＝2.4億円

《オフィシャルゴールド》　8社　2,000万～2,999万円：2,000万円×8＝1.6億円

《オフィシャルシルバー》　18社　1,000万～1,999万円：1,150万円×18＝2.07億円

《オフィシャルスポンサー》　51社

・500万～999万円：540万円×51＝2.754億円

《オフィシャルパートナー》　68社

・300万～499万円か200万～499万円：350万円×68＝2.38億円　275万円×68＝1.87億円

《アカデミーパートナー、他》　14社

・100万～299万円か100万～199万円：150万円×14＝0.21億円　125万円×14＝0.175億円

《サポートファミリー》

・ゴールド60万円（16社）、シルバー20万円（25社）、ブロンズ5万円（45社）で合計1,685万円。「その他収入」に入るか難しいが「スポンサー収入」に加える。

《スポンサー区分が多いためスポンサー収入だけ先に計算》

オフィシャルトップ＝OT

オフィシャルゴールド＝OG

オフィシャルシルバースポンサー＝OSS

オフィシャルスポンサー＝OS

オフィシャルパートナー＝OP
サポートファミリー＝SF
と以下表示。

・親以外からのスポンサー収入合計＝ユニ（3.74〜4.4）＋OT2.4＋OG1.6＋OSS2.07＋OS2.754＋OP（1.87〜2.38）＋SF0.1685＋アカデミー（0.175〜0.21）＝14.7775〜15.9825

親企業合計金額　23.7375億〜24.9425億円

・親企業グループ＝1.93億円（OT 3社、OG 3社、OSS 1社、OS 6社で0.9＋0.6＋0.115＋0.0525×6）
・スポンサー収入−高いレンジ−サプライヤー＋親企業グループ＋特別利益
　＝24.09−15.9825−0.3＋1.93＋14＝23.7375
・スポンサー収入−低いレンジ−サプライヤー＋親企業グループ＋特別利益
　＝24.09−14.7775−0.3＋1.93＋14＝24.9425

213ページ　広島

●スポンサー収入：ユニフォーム

（単位：百万円）

年度	2023	2022	2021	2020	2019	2018
金額	1,864	1,702	1,779	1,593	1,582	1,530

・ユニフォーム掲示企業はこの区分にすべて含まれる。親企業は胸、鎖骨（左）、パンツ裏の3ヶ所に掲示。よってユニフォーム掲示社数は5。
・2023年時点では、平均入場者数、SNSフォロワー数はJ1の上位ではないものの、優勝回数は少なくなく、「札仙広福」の一角であることも踏まえ、ベースⅢを適用。
・背上のマツダは前身企業で、Jリーグ発足時の親企業。準親企業との位置づけで、アップウェアの胸にも掲示していることから、1.5億〜3億円と予想。背上1.5〜3.0　鎖骨片側0.75　背裾0.45　袖0.3　パンツ表0.24　＝3.24〜4.74億円

●スポンサー収入：区分下限金額

《ユニフォーム以外のトップパートナー》

・サプライヤーを除き12社。五十音順。トレーニングウェア拠出企業が少ないことを考えると下限を1,000万円と予想。
・トップスポンサーとパートナーの間は区分名がついていないため、企業ロゴの大きさ順にA〜Cに分けて推定を進める。
・A〜Cの金額帯は、各区分の社数（Bが少ない）、およびナショナル企業の位置を考慮し、Aを500万〜999万円、Bを300万〜499万円、Cを100万〜299万円と置く。
・ゴール裏ピッチボードは4列存在し、1列目（エンドラインに対し正対の位置）、2〜4列目（エンドラインに対し斜めの位置）となっている。以前は大きさも異なり1列目と2列目以降で固定だったが、2023年は1列目と2列目以降でローテーションしているように映像上は見える。また、トップパートナー、クラブパートナーAに加え、クラブパートナーBが1社ピッチボードに掲示している。Bの金額レンジから考えるとピッチボードが400万〜450万円になるものの、さすがにその金額で販売していることは考えづらく、また合計で50枚前後と限られているためピッチボードについては500万円以上の可能性が高い。Bのピッチボード掲示企業は値引きか、現金以外の拠出との合計額になっていると想像。バックスタンド最前列バナーにCの企業が多く入っており、このアイテムの金額が200万円か250万円と推定。
・Cの次の区分は、企業ロゴが掲示されておらず企業名だけ（リンクあり）。100万円拠出のハードルの高さを考えると、企業ロゴをクラブHPやスタジアムボード等に載せることができる下限金額を100万円に設定している可能性が高いと考え、クラブパートナーCの下限予想を100万円のまま進める。100万〜999万円のレンジ内を3つに小刻みに分けているので、五十音順であることに企業側の納得

第5章　親企業の年間拠出金額

感はあると思われる。

・広告料収入は長年にわたり15億円台で推移。2021年度に17.8億円と大きく増え、スポンサーの数も
増えており、コロナ期であったにもかかわらず、上手に営業し収入を伸ばしたことがうかがえる。な
お2024年は、新スタジアム開業に向けて、トップスポンサーが2023年の12から2024年には29に増え
ている。

●スポンサー収入：区分平均金額

《クラブトップパートナー》　1150万円×12社＝1.38億円

《クラブパートナーA》　540万円×32社＝1.728億円

《クラブパートナーB》　350万円×25社＝0.875億円

《クラブパートナーC》　150万円×99社＝1.485億円

《パートナー》　50万円×68社＝0.34億円、30万円×68社＝0.2億円

親企業合計金額　8.092億〜9.732億円

・スポンサー収入−高いレンジ

$18.64-\{$ユニ$4.74+$トップ$1.38+$A$1.728+$B$0.875+$C$1.485+$パートナー$0.34\}=18.64-10.548=8.092$

・スポンサー収入−低いレンジ

$18.64-\{3.24+1.38+1.728+0.875+1.485+0.2\}=18.64-8.908=9.732$

214ページ　福岡

●その他収入

(単位：百万円)

年度	2023	2022	2021	2020(J2)	2019(J2)	2018(J2)
金額	594	428	281	228	301	239

・2022年から増えている。5億円台であること、J1に昇格後移籍金収入が増えたと想像し、親企業か
らの補填は本項目には計上されていないと考える。

●スポンサー収入

(単位：百万円)

年度	2023	2022	2021	2020(J2)	2019(J2)	2018(J2)
金額	936	1202	803	747	693	990

●スポンサー収入：ユニフォーム

・広告料収入合計が9億円台であることから、ユニフォーム収入は比較的少ないと予想し、ベースIVを
採用。

・背上0.75　鎖骨片側0.45×2　袖0.2　パンツ表0.16　＝2.01

・胸スポンサーは親企業以外。胸スポンサーは2〜2.5億円として、合計で4.01〜4.51億円

・区分が非常に細かく分けられている。

プレミアムユニフォームパートナー：6社

オフィシャルプレミアムパートナー：2社

オフィシャルパートナー：99社

WEB3パートナー：3社

オフィシャルDXパートナー：6社

ゴールドパートナー：10社

Take actionパートナー：9社

サポートカンパニー：27社

シーズンシートスポンサー：プレミアム29社、アビスパ32社、名前なし41社

サポートファミリー：プレミアム1社、ダイヤモンド4社、プラチナ19社、ゴールド19社、シルバー
114社、ブロンズ123社

243

- WEB 3、オフィシャルDX、Take ActionはVIK（※）に近いと想定し、上記の太字ゴシックだけを計算する。
- シーズンシートスポンサーとサポートファミリーは過去のHPに区分ごとの金額が公表されている。2023年の社数をかけて合計すると、6,505万円。
  ※VIK＝Value in kind：お金の拠出を伴わない本業でのサポート協力

●スポンサー収入：区分下限金額

《オフィシャルプレミアムパートナー》　2社
- トレーニングウェアへの掲示企業はなし。ユニフォームのパンツ裏の金額を考慮し、下限は1,000万円と推定。

《オフィシャルパートナー》　99社
- 下限500万円とすると、合計5.346億円となり広告料収入合計が10億円を大きく超え、整合がつかない。五十音順であることから一律500万円としても、オフィシャルパートナー合計が4.95億円となり整合がつかない。オフィシャルパートナーとゴールドパートナーの社数差から考えても、下限を300万円と推定する。
- トレーニングウェアに掲示企業が複数あり、比較的単価が安いと考えられる。

《ゴールドパートナー》　10社
- 社数が非常に少ないのでレンジが狭いはず。下限200万円で上限299万円と推定。

《サポートカンパニー》　27社
- シーズンシートスポンサーとサポートファミリーの上に位置付けられているので、最低金額を100万円と推定。レンジとしては100万～199万円。

《シーズンシートスポンサーとサポートファミリー》
- 合計で約0.65億円。広告料収入にカウントされているかどうかが不明。シーズンシートは入場料収入に近いことからカウントしないこととする。もし広告料収入にカウントされていたとしても、親企業拠出額には大きな違いにならない。

●スポンサー収入：区分平均＆合計金額

- オフィシャルプレミアムパートナー：1,150万円×2社＝2,300万円
- オフィシャルパートナー：400万円×99社＝3.96億円
- ゴールド：225万円×10社＝2,250万円
- サポートカンパニー：125万円×27社＝3,375万円
- 合計すると、(4.01～4.51)＋0.23＋3.96＋0.225＋0.3375＝8.7625～9.2625億円
- 公表されているスポンサー収入9.36億円とほぼ一致したため、上記推定は妥当性が高いと判断。

親企業合計金額　オフィシャルプレミアムパートナー＝1,000万～1,500万円

第5章　親企業の年間拠出金額

●コア強化費

　ここで、Jリーグクラブ経営情報開示情報で公表されているチーム人件費から親企業推定拠出金額を引き、純利益 (損失) を足した数字を「コア強化費」とする。コア強化費は、親企業およびグループが1円も拠出しない場合に捻出される強化費で、こちらも推定値となる。計算の結果、以下となった。

クラブ	コア強化費 (単位：億円)
札幌	5.3587〜6.397
鹿島	11.71〜13.71
柏	6.65〜8.584
浦和	25.622〜30.462
FC東京	14.553〜16.203
川崎	11.2389〜15.7089
横浜Fマリノス	19.722
横浜FC	6.824〜9.064
湘南	11.94
清水	5.308〜5.798
磐田	1.0675〜1.1475
名古屋	13.844〜14.788
京都	7.869〜8.982
G大阪	8.2805〜11.3125
C大阪	9.727〜10.227
神戸	13.3675〜14.5725
広島	7.048〜8.688
福岡	15.06〜15.11
鳥栖	11.13

245

著者略歴

木村　正明（きむら　まさあき）

株式会社ファジアーノ岡山スポーツクラブオーナー、東京大学先端科学技術研究センター
特任教授

東京大学法学部卒業後、1993年ゴールドマン・サックス入社。債券営業部長、マネージ
ングディレクターを経て2006年に退職し、同時に株式会社ファジアーノ岡山スポーツク
ラブを創業、代表取締役に就任。
公益社団法人日本プロサッカーリーグ（Jリーグ）の理事（非常勤）、専務理事（常勤）を
務めた後、2022年より株式会社ファジアーノ岡山スポーツクラブ筆頭株主。2023年より
東京大学先端科学技術研究センター特任教授も務める。

売上ゼロから10億に伸ばす具体策
スポーツチームの経営・収入獲得マニュアル

2025年 5 月 1 日　初 版 発 行
2025年 7 月 1 日　3 刷 発 行

著　　者 ── 木村正明

発行者 ── 中島豊彦

発行所 ── 同文舘出版株式会社

東京都千代田区神田神保町1-41　〒101-0051
電話　営業03（3294）1801　編集03（3294）1802
振替 00100-8-42935
https://www.dobunkan.co.jp/

©M. Kimura　　　　　　　　　　ISBN978-4-495-54178-1
印刷／製本：萩原印刷　　　　　　Printed in Japan 2025

JCOPY ＜出版者著作権管理機構 委託出版物＞

本書の無断複製は著作権法上での例外を除き禁じられています。複製される場合は、そのつど事前に、
出版者著作権管理機構（電話 03-5244-5088、FAX 03-5244-5089、e-mail: info@jcopy.or.jp）の
許諾を得てください。